信用金庫の力

人をつなぐ、地域を守る

城南信用金庫本店の屋上に設置されたソーラーパネル

吉原 毅

岩波ブックレット No. 850

はじめに――信用金庫とは

まいど南大阪信用金庫のなかやん

読者の皆さんは『まいど！　南大阪信用金庫』（平井りゅうじ作、北見けんいち画、小学館）というマンガをご覧になったことがありますか。

このマンガの主人公は、南大阪の信用金庫に勤める若い営業マンの「なかやん」です。「なかやん」は、いつも母親に叱られながら仕事に出かけて、成績もぱっとしません。しかし、困った人を見ると、何とかして助けたいと思う温かい心の持ち主です。そして、ない知恵を絞り、人と人をつないで見事に問題を解決し、困っていた人たちから感謝されます。

雨の日も風の日も自転車やバイクに乗って、お客さんのところに集金に行く「なかやん」のような信用金庫の営業マンは、全国どこにでもいると思います。彼ら信金マンは、お洒落でさっそうとしてエリート然とした銀行マンに比べると、一見して地味で野暮ったく見えます。しかし銀行マンにはない、幅広い人格と温かい心を持っています。

エリート意識が先行し、利益のために、時として冷酷になるのが銀行マンであるとしたら、困った人を何とかして助けようと努め、地域の絆をつくり、人を大切にするのが信金マンです。彼らは、それが信金の使命であり、そこに本当のやりがいと喜びがあることを知っているのです。その地道で着実な生き方、考え方の中に、信金マンとしての誇り、そして人間にとって大切な、キラリと光る何かがあるような気がします。

信用金庫の原点

ある金融行政のエリート官僚が、この『まいど！　南大阪信用金庫』を「地域金融のあるべき姿を示したバイブル」として、若い官僚たちに推奨しているというお話を聞いたことがあります。確かに、このマンガは信用金庫のあるべき姿、原点を描いていると思います。それでは、信用金庫の原点とは何でしょうか。そもそも銀行と信用金庫の違いとは何でしょうか。規模の大きさでしょうか。都会的でスマートであるかどうかでしょうか。

私は、そうではないと思います。信用金庫は、銀行と同じ金融機関の一業態だと言われています。銀行より小さい金融機関が信用金庫だと考えている人も少なくありません。しかし、私に言わせれば、信用金庫は、ただの金融機関ではありません。金融機関という定義を超えた使命をもった企業であると言っても過言ではありません。

私がこのように考えるようになったきっかけは、私がまだ若いころ、城南信用金庫の当時会長を務めていた小原鐵五郎《おばらてつごろう》に言われた、ある言葉です。

「銀行に成り下がるな」

そのことについて話す前に、まず私自身の紹介をさせていただきます。私は、一九七七年、第一次オイルショックの影響による就職難の中で就職活動を行いました。自分の実力不足により、就職試験にことごとく失敗しました。最終的に地元の城南信用金庫に拾ってもらい、今日まで信用金庫で働かせていただいています。当時の城南信用金庫のトップは、「金融界の大久保彦左衛門」との異名をとり、全国信用金庫協会会長、全国信用金庫連合会(現・信用金庫中央金庫)会長を長年にわたって務めるなど、業界のリーダーとして活躍した小原鐵五郎会長でした。私は小原会長のおそばに仕えて、業界活動に使う資料の作成など、様々な経験をさせていただきました。そして、後ほどお話しする「小原鐵学」と呼ばれる様々な考え方、哲学を学ぶことができました。

ある時、私は、利益を上げるために、消費者向けのローン商品を新しく開発するという企画案をつくり、小原会長に発表したことがあります。大学では経済学部で学び、「収益を上げることが企業の目的」と信じて疑わなかった私は、きっと小原会長が賛成し、喜んでくれるだろうと考えていました。

しかしながら、私の企画書を見ると、日頃は温厚な小原会長の顔色がみるみる変わっていきました。そして「冗談じゃない、うちはいつから銀行に成り下がったんですか。あれは利益を目的とした企業だ。うちは世のため、人のためにつくす社会貢献企業です。もともとはイギリスのマンチェスターに起源を持つ、公共的使命を持った金融機関なんだ」とこっぴどく叱られました。私は、八〇歳を超えた明治生まれの気骨ある、そして自らの仕事に高い誇りと理想をもった経営者の姿に驚かされました。また、信用金庫という日本の制度が、実は「イギリスのマンチェスター」という外国にルーツがあるという言葉にも驚かされました。

そこで、さっそく信用金庫の歴史を調べてみました。すると、調べれば調べるほど、信用金庫はすばらしい歴史をもった誇りある企業であることがわかったのです。株式会社に対抗してできた、理想を高く掲げた協同組織運動の金融部門であり、「お金の弊害」を是正するために生まれた社会貢献企業だったのです。では、「お金の弊害」とは何か。貧富の格差による悩みだけでなく、いじめや自殺、孤独など、現代の人々を苦しめている、様々な社会病理もお金が原因ではないのか。だとすると、そもそも人間にとってお金とは、いったい何なのか……。

そんなことを考えて、調べるうちに、様々なことがわかってきました。そして、私自身も、常にこうした疑問に向き合いながら、信用金庫の仕事をこれまで務めてきたつもりです。

本ブックレットでは、私が調べたり、また仕事を通して知った、皆さんのご存知ない信用金庫の意義について紹介したいと思います。と同時に、なぜ信用金庫が生まれたのか、お金とは何なのか、金融業務とはどのようなものなのか、などについて考えます。その上で、協同組合組織である信用金庫の果たすべき今後の役割について考えていきます。

信用金庫について、お金について、この社会のあるべき未来について、皆さんが考える上で、何らかのご参考になれば幸いです。

第1章　お金が暴走する時代に

二〇一二年は国際協同組合年

二〇一二年は、国連が定めた「国際協同組合年」です。二〇〇八年、サブプライムローン問題に端を発して、リーマン・ブラザーズをはじめとするアメリカの巨大な投資銀行(日本でいう証券会社)が次々に倒産し、世界中が大混乱に陥りました(リーマン・ショック)。そのため、国連では、「巨大な証券会社などの株式会社は、必ずしも世界の人々の幸せにつながらないのではないか。そうであるとすれば、今こそ、一九世紀に株式会社に対抗して生まれた協同組織に期待すべきではないか」という議論が盛り上がりました。そして、二〇〇九年一二月に、二〇一二年を国際協同組合年とする決議がなされたのです。

したがって、二〇一二年には、全世界で様々な協同組合により記念事業が活発に展開されます。日本でも、信用金庫のほか、農協や生協、労協などの様々な協同組織の仲間たちが、全国各地で記念行事やシンポジウムを行っています。

アメリカのグローバリゼーション戦略

そもそも、リーマン・ショックとは何だったのでしょうか。どうして起こったのでしょうか。その根本を考えるには、第二次世界大戦にまでさかのぼる必要があります。アメリカと日本が太平洋戦争で戦い、アメリカは、圧倒的な物量で日本に勝利しました。敗戦国となり、いたるところ焦土となった日本は、アメリカに生産力で劣っていたことを思い知らされました。そのため、戦後は、経済力を強化することで、国力を復興しようと国民がみな歯を食いしばって経済の発展に取り組みました。

幸い、戦後の世界状況を見ると、生産力が世界一だったアメリカが、自国の優位をさらに強化するために、GATT（関税および貿易に関する一般協定）、IMF（国際通貨基金）体制と呼ばれる自由貿易経済体制を確立させていました。そのため、よい品物をつくれば、世界中に販売して、豊かさを手にできる可能性が開けていました。日本では、官民一体・労使一体となって、アメリカに追いつけ、追い越せというスローガンのもと、ものづくりに力を注ぎ、品質の向上と生産力の強化に努めました。その結果、日本製品は、繊維から始まり、鉄鋼、家電、自動車、半導体と、アメリカ企業を圧倒することになります。

一方、アメリカとの貿易摩擦が拡大し、八〇年代後半からは、市場開放、日米構造協議（SII）などが何度も行われました。当時のアメリカは、ものづくりで日本に負けたうえ、旧ソ連との冷戦に勝利するために軍事力に多額の資金を費やすなど、厳しい国家運営を続けていました。第二次世界大戦で負けたはずの日本が、経済力でアメリカを上回るようになり、「ジャパン・アズ・ナンバーワン」（一九七九年に刊行されたアメリカの社会学者エズラ・ボーゲルの著書の題名）などという思いあがりのスローガンさえ聞こえる中で、アメリカとしては、これまでの「自由貿易戦略」を見直さざるを得なくなります。その新たな国家戦略が、金融と情報、軍事力を背景とした

「グローバリゼーション戦略」であり、「グローバル資本主義」と呼ばれるものです。

ものづくりは、日本などの外国に任せる一方、日本が貯め込んだ多額のお金を金融システムで吸い上げる。それを元手として、世界の金融市場で、デリバティブ(先物取引などの金融派生商品)、証券化を駆使した先進的な金融業務を拡大する。それによって収益をあげ、世界での覇権を確立する――このような戦略です。簡単に言ってしまえば、日本をいわばATM(現金自動預け払い機)のようにして、日本からお金を自由に引き出せるようにしようと考えたのです。九〇年代当時は、アメリカ経済が不景気に陥る中で、宇宙ロケットの開発に携わってきた物理学者などが失業し、金融業務に進出してきたこともあり、最先端の数学を駆使した先進的なデリバティブ理論、投資理論など、いわゆる〝金融工学〟なるものが急速に発達しました。

「先進的な金融業務」というと聞こえがよいのですが、これらは、莫大な利益を上げる可能性がある一方で、一歩間違えれば巨額の損失が発生する、大きな危険性をもった業務なのです。高度な数学や最新の統計学が用いられているため、一見科学的であり、安全で正しいもののようにも見え、「この理論に従えば、必ず利益が上がる」と考えてしまいがちです。

しかし、そもそも数学とは、複雑な現実を解くために、ある一定の単純な前提を置いて理論を組み上げ、その前提に立った結論をだすという仕組みで成り立っています。ある前提のもとにつくられた理論ですから、決して現実そのものを反映しているわけではなく、いわば抽象的な世界のものです。そこには矛盾などは生じません。すべてが合理的に解決されます。ところが、複雑な現実を同様のものとして信じてしまうと、失敗してしまいます。このように、論理の前提をよく考えず、単純な前提だけに基づいて思考するため、視野が狭くなり、結果を盲信することを、「近代合理主義の過ち」と言います。

こうした問題点があることは、実際に数学を深く理解している者であればわかることなのです。ところが、これまで金融に携わっていた多くの「文科系」の人間にとっては、数学的な理論はよく理解することができませんでした。また、数学に対するコンプレックスがあるため、逆にその権威を安易に信じてしまい、計算が示す結論を盲信してしまったのです。そもそも金融という「数字」を扱う仕事においては、本来、こうした「近代合理主義の過ち」に陥りやすいという傾向があることを意識しなければなりません。

市場のカジノ化と金融の国際化

こうしたアメリカの「グローバル資本主義」という国家戦略は、言いかえれば世界をカジノ化する「カジノ資本主義」と言うこともできます。金融と情報を世界に流通させるためには、これまで国家ごとに定められていた法律や会計などの制度・ルールを統一化しなければなりません。このため、こうした制度・ルールを自国に有利な形で統一しようという方法を「アーキテクチャー戦略」と言います。ＩＳＯ（国際標準化機構）などの標準規格づくりも、こうしたアーキテクチャー戦略の一つです。

社会学者の中野剛志氏によると、欧米諸国は日本に比べて、このアーキテクチャー戦略が得意です。特に、アメリカは、強大な国力、軍事力を背景にして、アーキテクチャー戦略を積極的に進めています。金融においては、それが顕著です。金融市場の自由化、ＢＩＳ規制（国際決済銀行による銀行の自己資本比率の国際統一）、国際会計基準の制定が進められ、ニューヨークの金融街であるウォール・ストリートに本社を構える巨大な投資銀行や商業銀行が世界の市場で巨額の資金を移動し、活発な投機を行えるようになりました。国債や企業の発行する債券を評価して、国家や企業を評価付けする「格付け会社」などは、その別働隊とも言えます。企業や国家の格付けを発表して、巨大金融資本の世界的な投機活動を支えているのです。

こうした国家戦略を進めるなか、九〇年代以降、日本に対しても「金融市場開放」が求められるようになります。当時は、貿易摩擦が拡大しており、日米間の貿易収支の不均衡が問題とされていたのに、なぜ金融市場開放をアメリカが再三にわたり強く求めてくるのかが理解できませんでした。しかし、今から考えてみると、これは、ものづくりをあきらめ、金融と情報と軍事によるカジノ資本主義戦略へ転換するという、アメリカの国家戦略の大転換だったのでしょう。

一九八三年には、「円・ドルレートの現状および決定要因等について両国が相互の理解を深める」ことなどを目的として「日米円ドル委員会」が設置され、一九八四年には、旧大蔵省により金融の自由化や円の国際化についての具体的措置や展望などを盛り込んだ「金融の自由化及び円の国際化についての現状と展望」が発表され、日本の金融市場の開放が、アメリカ主導で加速化していきました。そしてその後、一九九六年には「金融ビッグバン」と呼ばれる大規模な金融改革が行われ、銀行や郵便局の窓口において、証券投資信託の販売が開始されました。

この投資信託の販売にあたり、日本政府は証券取引審議会の「論点整理」（一九九六年一一月）で次のような方針を発表しています。すなわち、株式などのリスクのある商品は銀行経営を危うくするので、銀行に持たせることができない。そこで、国民にリスクを持ってもらい、株を買ってもらうことで株価を上げていくという内容です。銀行が保有できないような危ないものを国民に売りつけるとは、政府もひどいと思います。しかし、それを要求したアメリカには、実は別の思惑があったのです。それは、日本国内で外貨建ての投資信託を販売することにより、日本の国民の貯蓄を、直接外国に流出させようという思惑です。しかも、ファンドですから、運用に失敗したと言えば、投資家に元本を返さないでよいのです。借金に比べて借り手にとっては、きわめて有利で好都合な契約だったのです。

グローバリゼーションと格差社会

こうしたアメリカの狙いが「グローバリゼーション戦略」の本質です。しかし、日本などの「ものづくり国家戦略」に対抗してはじめられた、このアメリカの「お金と軍事力」による国家戦略は成功したのでしょうか。確かにアメリカは、軍事技術から転用されたインターネットを中心とする情報通信、最先端の金融工学を駆使した金融サービス、市場がすべてという自由主義イデオロギーを背景にした市場開放要求などのアーキテクチャー戦略、それを可能にした圧倒的な軍事力の誇示を通じて、再び世界において強大なヘゲモニー（覇権）を確立することに成功しました。そして、そのアメリカの姿勢に触発され、中国やロシアなどの大国も経済力や軍事力の強化を図っています。

しかし、経済の原則は、その国家戦略に潜んでいる脆弱性に警鐘を鳴らしはじめました。それは、貧富の格差の拡大です。経済学の初歩的な教科書にもあるように、もともと市場原理を優先する自由主義経済は、貧富の格差が拡大するという大きな欠陥をもっています。そのために、二〇世紀初頭には、革命や暴動などの社会対立を招き、それを防ぐために、ケインズなどが登場し、新しい経済理論が提唱されるなどしました。政府による市場経済への積極的な介入が提唱され、累進所得税制度などの導入で格差の是正が行われ、福祉国家政策、つまり市場と政府の混合経済という経済政策が進められたのです。

ところが、二〇世紀後半に入り、イギリスやアメリカにおいて、そうした福祉国家路線が財政赤字の拡大とインフレを招き、社会の活力を阻害すると批判する「新自由主義」の政策が、サッチャー首相やレーガン大統領によって推進され、累進税率の引き下げなどが行われました。これらの新自由主義政策は、シカゴ大学のミルトン・フリードマンなどの自由主義を信奉する経済学者が、理論化して権威づけしました。

これが、「グローバリゼーション」を推進するイデオロギーの正体です。二〇世紀初頭と異なり、現代の資本主義は、金融と情報という、ごく少数の人間で操作できる経済分野が主流になっているという特徴があります。つまり、資本主義が、製造業＝ものづくりが主流であった時代と異なり、金融や情報などの分野が主流の時代では、多くの労働者を雇用する必要がないのです。そのため、働く人たちの多くに経済的な恩恵がいきわたらないという問題が生じます。つまり、現代の資本主義社会では、二〇世紀初頭の資本主義社会に比べて、貧富の格差が極端に拡大することになってしまうのです。しかも、モノやヒトのグローバリゼーションが進んだ結果、これまでものづくりで成り立ってきた企業は外国の安い商品との競争に負けて倒産したり、あるいは、工場などを海外の人件費の安い地域に移転するなどして、国内の労働者は働く場を失います。また、職があっても低賃金の非正規雇用によって占められることになります。

加速するデフレ

二〇一一年、ニューヨークのウォール・ストリートで「オキュパイ・ウォール・ストリート」、つまり「巨額の富を独占するウォール・ストリートの金融街を占拠しよう」という抗議運動が起き、注目を集めました。いまやアメリカの上位一パーセントの人間が、アメリカの全資産の四〇パーセントを所有し、上位五パーセントが八一パーセントを所有しているといいます。それほど、アメリカでは、貧富の格差が拡大しているのです。

かつて一九六〇年代のアメリカは、中産階級が豊かであり、各家庭は大きな家に住み、大きな車や多くの家電製品をもち、家族が幸せな生活を送っているというイメージがありました。世界中の人々が「自由の国」アメリカに憧れていました。しかし、経済学者である中谷巌氏の『資本主義はなぜ自壊したのか』(集英社、二〇〇八年)によれば、それは「自由」な経済政策のためではなく、逆に、一九二九年の大恐慌の際、ルーズベルト大統領が「貧富の格差を是正」するための様々な政策(ニューディール)をとったことによります。その結果、中産階級の所得や資産が増え、彼らが家電や自動車を購入したために、「豊かな社会」がつくられたわけです。

逆に、現代のアメリカは、自由化を極端に推し進めた結果、中産階級が没落し、多くの人が低所得に甘んじ、貧困にあえぎ、借金生活に苦しみ、失業に泣かされています。家電や自動車などの購入意欲は生まれてきません。そしてこうした需要がなくなれば、ものづくり企業の存続や、そこで働く労働者の生活も成り立たなくなります。つまり、「グローバリゼーション戦略」は、貧富の格差を拡大し、結果として、世界的に大デフレ経済に陥るという問題を生んでいるのです。

サブプライムローンという〝魔法〟

このように「グローバリゼーション戦略」は、世界的なデフレを招くという大きな欠陥があり、二〇〇〇年頃には、すでにそれが懸念されていたと言われます。しかし、その欠陥は、二〇〇八年のリーマン・ショックまで表面化しませんでした。なぜでしょうか。アメリカでは、二〇〇〇年頃から、メキシコなどからの移民が増加して住宅需要が高まり、住宅ローンブームが起きます。それを証券化したサブプライムローンという新しい金融商品がつくられ、世界中で販売されます。その結果、外国から資金を流入させ、消費者が多額の消費を続けたため、中国や日本が輸出を増加させ、世界的な景気拡大が実現していたからです。つまり、アメリカ国民がサブプライムローンという借金をして、世界中からものを買っていたので、長期間にわたって世界的なデフレが表面化しなかったのです。

しかし、ご存知のように、このサブプライムローンは、ほとんど収入のない移民に対する住宅ローンであり、収入から返済することはできないという、いわば不良債権でした。大量の移民が次々とアメリカに移住してきたので、住宅ローン会社が彼らに対して住宅ローンを与え、住宅を買わせました。そのため、アメリカでは長期間にわたって住宅の販売ブームが続き、住宅の価格が上昇していたのです。ですから、収入が少なくて、普通では住宅ローンが返済できない家庭でも、高値で住宅を転売することができたので、その転売資金で住宅ローンを返済しました。さらにそれだけでなく、転売資金をあてにして、消費者ローンを借りて自動車や家具や家電製品まで購入することができたのです。

こうした「本来は価値のないものが高値で取引されること」「長続きしない不健全な価格上昇」という現象のことをバブル（泡）と言います。ある時、皆が、この住宅ローンは、いつかは無価値になると気がついたら、このバブルは崩壊します。そして、この住宅ローンバブル、サブプライムローンバブルは、二〇〇七年についに崩壊しました。この結果、これを取り扱っていたアメリカの証券会社や金融機関、保証していた保険会社は、ことごとく経営危機に陥り、破綻もしくは合併を余儀なくされました。中でも証券会社の名門であるリーマン・ブラザーズが二〇〇八年に倒産したことから、このときのバブル崩壊を「リーマン・ショック」と呼びます。

世界金融危機へ

このリーマン・ショックは、アメリカのみならず、世界中の金融危機を招き、さらに世界経済を大規模なデフレに陥らせました。日本のバブル崩壊（一九九一年）の例を見てもわかるように、いったんデフレになった経済を立て直すのは、至難のわざです。いくら金融緩和をしても、デフレに陥った場合の有効な手段とはなりえません。ケインズが指摘していたようにインフレ対策として金融政策は有効ですが、デフレの際に金融を緩和しても、流動性トラップ（わな）という現象が起きて、皆が資金を溜め込んで使わなくなってしまうからです。

中野剛志氏の『恐慌の黙示録』（東洋経済新報社、二〇〇九年）によれば、リーマン・ショックを目《ま》の当たりにして、ウォール・ストリートでは、ハイマン・ミンスキーの理論が再評価されるようになりました。これは、ケインズ経済学の流れを汲んだ理論で、金融市場にはもともと不合理性、不安定性が内在するため、必然的にバブルを発生させ、インフレやデフレを招くという考えをとっています。ミンスキーは、金融取引は、景気拡大ブームが続くと楽観が支配するようになり、やがてブームが過ぎても、過剰に資金を引き出して、投機が行われるようになり、それがバブルとなってはじけると、デフレ、恐慌に陥るという、お金の欠陥を指摘する経済理論を提唱しました。新自由主義の下に、「金融グローバリゼーション戦略」を進めてきた結果、世界規模において、ミンスキーの予言が的中してしまったわけです。

お金の暴走を抑えるために

このように見てくると、現代社会は、自由主義経済、市場経済をあまりにも野放しにした結果、かつての初期資本主義において発生した「お金の暴走」が世界的規模で復活してしまった状態であるとも言えます。かつて「お金の暴走」を抑えるために、重商主義を批判したアダム・スミス、稳健な保護主義による各国の発展を提唱したフリードリッヒ・リスト、政府による景気のコントロールを主張したケインズなど、各時代の経済学者が苦心して研究し、政策を展開してきました。今こそ、私たちはそのことを思い起こすべきでしょう。そして、お金や市場を絶対視する市場原理主義の危険性を見破り、人を大切にする社会を構築していくことが必要ではないでしょうか。

まさに、こうした「お金の暴走」を抑え、「人を大切にする企業」をめざす理念に立って生まれた新しい企業形態が協同組合なのです。そのことを次章以降で説明していきたいと思います。

第2章　株式会社に欠けているもの――協同組合運動の意義

道徳学者としてのアダム・スミス

一八世紀にイギリスのグラスゴーで生まれ、『国富論』を著したアダム・スミスは、経済学の父として知られています。しかし、スミスは、実は道徳学者でもありました。『国富論』に先立ち、スミスは『道徳感情論』を著しています。当時は、中世キリスト教の神学に対する反発から、「人間とは何か」という問いについての関心が高まっていました。いわゆる啓蒙主義の始まりです。神の命令による倫理ではなく、人間が自分の意思で道徳を守ろうとするのはなぜか。そもそも道徳とは何か。こうした人間の行動原理に対する関心が高まるなか、アダム・スミスはそのことについて研究していたのです。

スミスは、道徳心の源泉、つまり良心というものを、「人間どうしの共感」「公平な第三者の観察」に求めました。人間社会、つまりコミュニティの中で暮らす人間どうしが共感を求める心が道徳心の源泉であると主張しました。そして、こうしたコミュニティを支える国家の真の豊かさの源泉は、当時の重商主義が主張していた金銀のような貨幣ではなく、人々がお互いに協力して、日常品を生産することであるとしました。重商主義政策は国家間の対立を招きます。しかし自由貿易を行えば、「諸国民」つまり世界中の国家の国民は平和的に協力して、それぞれ豊かで幸せな発展を遂げることが可能だとスミスは主張したのです。

こうした全体の文脈の中で、スミスは、自由主義経済を肯定的に評価しました。しかし、その側面ばかりが注目され、今日では、スミスのことを「自由主義経済の旗手」として位置づけ、市場経済を擁護する際の権威付けに使う場合が少なくありません。しかし、スミスの考えの基本は、あくまでも「人々が幸せに暮らせるためには、個人がバラバラな社会ではなく、健全な国家や健全なコミュニティが必要だ」という認識にありました。

また、スミスは『国富論』で、「株式会社はいかがわしい組織だ」と述べ、株式会社に対する不信を表明しています。つまり、株式市場に上場しているような大規模な株式会社において、株主は、企業が健全で良識ある経営をしているのかについては関心をもたず、株価の上下に一喜一憂するようになり、株主と経営者は「お金だけの関係」になってしまいます。その結果、株式会社の経営者も、経営内容が長期的に健全かどうかよりも、目先の株価のみに関心が向かい、誤った経営判断を行ったりすることが起きます。したがって、株式会社は大規模な資本を集めるには便利だが、株式会社ばかりになることは、国家社会にとって好ましくない、むしろ経営者が自分で出資し、責任を持って経営を行う中小企業などのほうが望ましい。これがスミスの主張です。

株主資本主義に陥っている現代のアメリカでは、企業経営者が従業員を大量に解雇したり、会計を不正に操作する事件が目立っています。それによって、経営者は目先の利益を上げて、多額の役員報酬を得たり、また株主も高額の配当を手にします。しかし結局、それは会社を食い物にしているに過ぎず、会社自体は存続の危機に陥ってしまいます。こうした問題が相次ぎ、コーポレートガバナンス（企業の正しい統治）が注目されていますが、スミスはその現実を予言していたようにも読めます。

スミスがこうした認識をもったのは、その当時、「南海泡沫《ほうまつ》事件」（一七二〇年）という株式会社による不正事件、一種のバブル事件が起きたことが影響していると言われます。同様に、現代の日本でも、株式会社の持つ欠陥について考えさせられる事件が起きました。それは、二〇一一年三月の福島第一原子力発電所の事故のあと、六月に東京電力の株主総会が開かれた時のことです。

とてつもない被害を出した原発事故を受けて、国民の多くは、原発を推進する電力会社のあり方に、厳しい批判を向けていました。東京電力の株主総会にも多数の株主が会場に詰めかけ、原発事故の被害を受けた福島の惨状を訴え、真剣な議論が行われました。そして、原発を推進しようとする経営方針の転換を求める声が会場で多数を占めました。

しかし株主総会の決議は、会場の株主の多数決で決まるものではありません。銀行や保険会社など、多額の株式を保有している少数の大株主の意見が決定を左右します。その結果、株主総会に参加して脱原発を訴えた多数の株主の切実な声は、それまでの議論もむなしく、あっさり否決されてしまいました。このように、議論の中身とは無関係に、問答無用で少数の大株主の意見が通ってしまう株式会社の仕組みを見ると、スミスが株式会社に不信を抱いた意味が改めて実感されます。

協同組合のルーツとは

こうした株式会社のもつ「欠点」に対抗すべく、生まれたのが協同組合と言えます。協同組合のルーツは、一八四四年にイギリスのマンチェスター郊外の町、ロッチデールで生まれたロッチデール公正先駆者組合（ロッチデール・パイオニア）の誕生にさかのぼります。

当時、ロッチデールで働く労働者たちは、収入が少ない上に、パンなどの生活物資を販売する業者から、割高な商品を買わされていました。そこで労働者たちは、自分たちでお金を出し合って、良質な生活物資を仕入れて、皆に安く販売する企業をつくりました。そして、この企業の運営は、株式会社のような出資額の多少によらず、出資者一人一票の平等な原則で民主的に運営すること、などを基本原則としました。これが「ロッチデール原則」と呼ばれ、その後の協同組合運動の基本原則となっています。

この協同組合運動は、イギリスの経営者であり、労働者の地位向上に尽くした博愛主義の社会改革家であるロバート・オーウェンの思想に基づくものです。オーウェンは、イギリスのニュー・ラナークで、義父とともに綿紡績工場を経営していましたが、当時の労働者が悲惨な生活をしていることに心を痛め、工場の中に物資を安く買える購買部や、幼稚園、病院などを設置し、働く人々の生活向上と福祉の充実に努めました。つまり、オーウェンは労働者を「出来るだけ安く効率的に使うべき道具」としてではなく、「自分と同じ人間であり、大切な仲間」として扱ったのです。この結果、この工場で働く人々は、意欲的に作業に取り組むようになり、オーウェンの工場は、「理想工場」とされて、見学者が相次ぎました。

オーウェンの思想は、「お金を大切にする」だけで企業経営を考えるのは間違いであり、皆が幸せに働けるように「人を大切にする」経営を行うべきであるとするものでした。そうした社会をつくることによって、国家・社会も健全に発展すると考えたのです。マルクス主義の思想家で革命家のエンゲルスは著書『空想から科学へ』の中で、このオーウェンの思想を「空想的社会主義」と呼び、マルクスも『共産党宣言』の中で、政治革命を考えていないという点で、オーウェンを批判しています。しかし、マルクス主義における「生産手段の社会化」という概念は、オーウェンとロッチデール公正先駆者組合のやり方と重なっており、実際には、彼らもこの協同組合主義を高く評価していたのです。

株主の暴走を抑える協同組合原理

すでに述べてきたように、株式会社は配当や株価上昇を約束して、多額の資金を株式市場から集めるには便利です。しかし、株主が目先の利益ばかりを追求すると、健全で良識ある会社運営が行われない危険性があります。お金が会社を間違った方向に暴走させることになるのです。しかも、株式を支配している大株主の意見が優先されるため、誤った経営がなされていても、それが是正されないという問題があります。近年、金融自由化やグローバリゼーションの進展により、アメリカの年金ファンドなどが日本企業の大株主になるケースなども増えています。そのため、株式会社の経営において、こうした株主資本主義の傾向がますます顕著になりつつあります。

これに対して、協同組合は、株式市場から多額の資金を集められませんが、議決権が一人一票で平等であるという民主的な原則があるため、決定に当たっては、話し合いによる合意が不可欠です。大株主の意向で問答無用というわけにはいかないのです。

つまり、株式会社は、お金や株式が支配する経営に陥る危険がある一方、協同組合は、話し合いによる経営を行い、説得と良識による経営を目指していると言えます。端的に言うと、協同組合は、多数の意見を取り入れる民主主義を原則とします。もちろん、政治学では、民主制＝多数決は、全体主義やポピュリズム、そして独裁政治に陥る危険性が指摘されます。ですから、民主主義が無条件に良いわけではありません。しかし、自分たちの私的利益のためではなく、広く社会に貢献するという「理念」を持ち、権力の暴走を防ぐ厳正な「ルール」をつくり、良識ある話し合いを実現する「制度」を整備することで、こうした問題は克服できるはずです。

産業組合が農協、生協、信金のルーツ

イギリスで発祥した協同組合運動が、ドイツに渡り、二つのタイプの信用組合が生まれました。その一つは、裁判官であったシュルツ・デーリチュが商工業者のためにつくったシュルツ式信用組合、もう一つが行政家であったフリードリッヒ・ライファイゼンが農家のためにつくったライファイゼン式信用組合です。一八九一(明治二四)年には、大蔵省の財務顧問であるウドー・エッゲルトが著書『日本振農策』において、こうしたドイツの信用組合やロッチデール公正先駆者組合など世界の協同組合情勢について詳細に解説し、日本でもドイツにあるような信用組合を設立すべきであると述べています。

これを日本に導入しようと考えたのが、山口県出身で吉田松陰の下で学んだ品川弥二郎と、山形県出身の平田東助です。二人は、いずれも、当時の政府で最も重要な役職であった内務大臣を

務めました。彼らは、一八七一(明治四)年から五年間にわたってドイツに留学した際に、ドイツの信用組合についても研究しました。明治維新により経済が発展する日本において、財閥ばかりが発展し、貧富の差が拡大して、地域社会が停滞するのは日本の将来にとって好ましくない、と彼らは考えました。そして「自由競争に伴う弊害」を克服するために、自助の精神や地方自治を基本とする協同組合を日本にも導入しようと考えたのです。次に述べる日本の報徳社《ほうとくしゃ》なども参考にしながら、幾多の議論と苦難の末に、一九〇〇(明治三三)年に産業組合法を制定しました。この法律は、信用、販売、購買、生産という四つの活動を行う協同組合の設置などを定めたものであり、これに基づき、現在の農協、生協、そして信用金庫が発足したのです。

二宮尊徳の報徳社

しかし、信用金庫のルーツは、外国にだけあるのではありません。日本においても、江戸時代末期には、篤農家の二宮尊徳による報徳社運動、また農村指導者の大原幽学による先祖株組合という、いずれも日本独自の協同組合運動が発達していました。

二宮尊徳は、貧しい境遇の中から、刻苦《こっく》勉励《べんれい》して当時の最先端の技術や学問を身につけました。報徳仕法という独自の思想により民衆を指導して、疲弊した地方経済社会を立て直しました。報徳仕法とは、自分の収入に上限を設ける(分度)、余ったものはみんなの財産として貯蓄する(推譲)、事業に成功した場合は資金を貸してくれたお礼に配当を払う(冥加金《みょうがきん》)という仕組みにより、お金をコミュニティの中で生かし、お互いに感謝の心で経済社会の発展を目指すという道徳的にも優れた思想でした。彼の思想により、全国に報徳社が結成され、五常講という金融組織により、地方事業が行われました。ちなみに日本最古の信用組合の一つである静岡県の掛川信用組合（現・掛川信用金庫）は、二宮尊徳の弟子であった岡田良一郎が、一八七九（明治一二）年に創立したものです。

尊徳の思想の真骨頂は、地域の住民が力を合わせて助け合い、地域社会を自力で立て直し、皆が幸せに暮らせる社会をつくろうという、助け合いと自助努力を重んじる協同組合主義にあったと言えるでしょう。

加納久宜と入新井信用組合

一九〇〇年に産業組合法が制定された時点で、すでに組合は全国に一四七設置されていました。そうした中で、一九〇二（明治三五）年に、東京の大森に入新井《いりあらい》信用組合が創立されました。この信用組合を設立したのは、上総一宮《かずさいちのみや》藩主加納家第一六代の藩主で、貴族院議員や鹿児島県知事としても活躍した加納久宜《かのうひさよし》子爵でした。

加納藩は、徳川吉宗の側近として享保の改革で活躍した加納久通が初代藩主であり、以来幕府を支える譜代大名として老中や年寄などのエリート官僚を輩出してきた名門です。久宜も、明治期からフランス語など西洋の文化に詳しかったそうです。その久宜は、周辺地域の貧しい子弟を教育して豊かにしようと学事委員になるのですが、教育普及のためには、地域を豊かにしなければならないと考え、自宅を店舗として信用組合を設立したのです。先進的な久宜は、当時には珍

加納久宜子爵(所蔵：鹿児島県歴史資料センター黎明館)

しい世界標準の複式簿記などを用いていました。

久宜は、全国農事会の幹事長を務め、農業の振興にも尽力し、後には帝国農会の初代議長を務め「日本農政の父」と呼ばれていました。また産業組合運動普及にも尽力し、一九〇五(明治三八)年には、入新井信用組合と全国農事会の連名で全国約一三〇〇の産業組合に呼びかけを行い、久宜が議長を務め第一回全国産業組合大会を開催し、大日本産業組合中央会を発足させました。会頭は内務大臣だった平田東助で、久宜は副会頭として全国の産業組合の指導に当たりました。当時の産業組合運動には、新渡戸稲造や宮沢賢治なども、心血を注いで取り組んでいました。

こうした産業組合運動に従事していた人たちは、皆が幸せに暮らせる社会をつくろうという高い理想に燃えていました。一九二八(昭和三)年につくられた産業組合の歌には「深山《みやま》の奥の杣人《そまびと》も、磯に釣りする海《あま》の子も、聞けや時代の暁《あけ》の鐘、共存同栄と響くなり、時の潮は荒ぶとも、誓いはかたき相互扶助、愛の鎖に世を巻きて、やがて築かん理想郷」という歌詞があり、関係者たちが高い理想をもって取り組んでいたことがわかります。

このような産業組合をルーツに持つ信用金庫は、町長など地域の有力者たちが中心となり、地域の発展のためにつくられた金融機関であり、地域を守って地域の人々を幸せにする公共的な使命を持った金融機関です。町役場などの一角を利用してつくられたものも多く、その意味で、いわば町役場の金融部門ということができると思います。産業組合制度のお手本となったドイツでも、こうした「地域金融機関は地方自治の要」であると考えられていましたが、現在でも地方の信用金庫では、こうした意識が根強く残っています。

例えば、東日本大震災で大津波の被害にあった気仙沼市において、気仙沼信用金庫では、地方銀行に先駆けて、店舗の復旧と営業の再開に全力をあげていました。震災直後にお会いした時に、菅原務理事長は「こうした未曽有の時こそ、市役所、商工団体、信用金庫が、三位一体となって一刻も早く市を復興しなければ」と述べ、漁業復興の要となる漁港の大規模冷蔵設備への融資にも、思い切って取り組まれていました。そうした地元への熱い情熱をもった気仙沼信用金庫の活動や経営姿勢は、NHKスペシャル『〝魚の町〟は守れるか――ある信用金庫の二〇〇日』（二〇一二年二月一一日放映）でも紹介され、全国の人々に深い感銘を与えました。

金は銀よりも上

こうして明治期に導入された産業組合は、第二次世界大戦を経て、農協、生協、そして信用金庫に分化していきました。町役場の金融部門である市街地の信用組合は、一九五一（昭和二六）年に、信用金庫という名称に変更されたのですが、それには、次のような経緯があります。

終戦後、GHQ（連合国軍総司令部）の占領政策などにより、中央集権から地方分権への政策転換が進められ、従来の信用組合は、中小企業等協同組合法に基づく信用協同組合とされました。

しかし、この信用協同組合は、監督官庁が大蔵省から都道府県となり、都道府県への届け出だけで簡単に設立できることになったのです。したがって、「町役場の金融部門」「町の発展のための公共的金融機関」として発足した従来の信用組合とは経営理念や歴史が異なる、「青果や食肉など業種別の組合」や「同じ職場に勤務する者の職域組合」が始めた「新しい信用組合」などと同一視されることが懸念されました。

そのため、従来の信用組合は、それらと一線を画すため、一九五一年に、議員立法により、新たに大蔵省直轄の協同組織金融機関制度である「信用金庫」を創設し、一斉に転換しました。当時、無尽会社(庶民を対象とした金融会社)が相互銀行、信託会社が信託銀行と、大半が「銀行」に名称変更したのに対し、信用組合の関係者は「儲け主義の銀行に成り下がりたくない」という強いプライドから「信用銀行」という案を拒否しました。これに対し、当時の舟山正吉銀行局長から「それならば、政府機関だけしか使っていない金庫という名称をつかって、信用金庫という名称はどうですか。金は銀よりも上です」との案が出され「信用金庫」という名称となりました。

信用金庫を守った小原鐵学

この信用金庫制度の発足当時から昭和の時代を通じて、長年にわたり業界のリーダーとして活躍してきたのが、「はじめに」でも紹介した城南信用金庫の第三代理事長の小原鐵五郎です。小原は、一八九九(明治三二)年、東京品川区大崎町で生まれました。一九一八(大正七)年に生じた全国的な暴動である米騒動を見て、貧富の差のない安定した社会をつくりたいと考え、大崎信用組合に入職します。一九四五(昭和二〇)年八月一〇日に城南地区の一五の信用組合が合併して城南信用組合が発足した際に、専務理事に就任しました。一九五六(昭和三一)年五月には理事長となり、一九六三(昭和三八)年に全国信用金庫連合会(現・信金中央金庫)会長に就任しました。一九六六(昭和四一)年三月には全国信用金庫協会会長にも就任し、以来、両会長職を長年務めました。その間、全国の信用金庫に精力的に足を運び、信用金庫業界の結束に尽力しました。

小原は、大蔵省の金融制度調査会委員も務め、一九六八(昭和四三)年の金融二法成立時には、株式会社化の危機にあった信用金庫制度を守りぬきました。その経緯は次のようなものです。

一九六六年、金融制度調査会で、金融部門に競争原理を導入しようとする金融効率化論議が行われます。その中で、協同組織にもとづく信用金庫を株式会社に改変して、信用金庫を資本の原理の下に、大銀行に合併統合しようという案が滝口吉亮《たきぐちよしすけ》政府委員から出されました(滝口試案)。また同様に会員組織を否定する案が名古屋大学の末松玄六《すえまつげんろく》教授から出されました(末松試案)。

小原鐵五郎

小原は、この「滝口試案」に強い警戒感を覚えました。先述した協同組織運動の起源や、日本における信用金庫の成り立ち、その意義などを念頭におくと、「滝口試案」は、そうした協同組合運動の歴史や役割を踏まえぬ暴論であり、これが採用されるような事態になれば、まさに信用金庫制度存亡の危機であると考えたのです。

このため小原は、全国の信用金庫に団結を呼びかけるとともに、中央大学の川口弘教授の提案した会員組織を維持する「川口試案」を支持して金融制度調査会で論陣を張りました。「信用金庫は中小企業の金融機関だ。株式組織にすれば、大企業中心になってしまう」と口火を切り、一転して「およそ八百屋であれ魚屋であれ、企業にはビジョンというものがあるが、滝口試案のどこに信用金庫のビジョンがあるのか、伺いたい」と問いただしました。返答に窮する政府委員を前に、信用金庫設立の経緯と理念を、富山で米騒動が起こった背景から説明し、「中小企業の育成発展」「豊かな国民生活の実現」「地域社会繁栄への奉仕」という信用金庫の三つのビジョンについて語りました。

さらに「超資本主義で事を進めるなら、いつか貧富の差が激しくなり、階級闘争が火を吹くかもしれない。平和な世の中をつくるには、信用金庫の存在こそ必要ではないのか」と述べ、最後に「富士山の秀麗な姿には誰しも目を奪われるが、白雪に覆われた気高い頂は、大きく裾野を引いた線があってこそそびえる。日本の経済もそれと同じで、大企業を富士の頂としたら、それを支える中小企業の広大な裾野があってこそ成り立つ。その大切な中小企業を支援するのが信用金庫であり、その役割は大きく、使命は重い」と締めくくりました。

この小原の主張は「裾野金融論」と呼ばれ、時の銀行局長であり後に日本銀行総裁を務めた澄《すみ》田智《さとし》は感心して「これは小原鐵学である」と評したといいます。日本興業銀行頭取の中山素平《なかやまそへい》など委員会の委員は立場を超えて小原に共感し、末松教授も小原に賛同しました。最終的には、小原に好意をもった澄田の翻意により、信用金庫制度は存続され、金融二法と呼ばれる「中小企業金融制度の整備改善のための相互銀行法、信用金庫法等の一部を改正する法律」及び「金融機関の合併及び転換に関する法律」が制定されました。この合併転換法は、当初、銀行が信用金庫を合併する条項しかありませんでしたが、逆に「信用金庫が銀行を合併できるような法律構成にしなければ不公平だ」と小原が強く主張し、最終的にいずれも可能となったのです。もっとも、小原は、このように様々な主張を熱心に行ったこともあり、「グズ鉄」と揶揄《やゆ》されたともいいます。

貸すも親切、貸さぬも親切

この「小原鐵学」として有名なのは、「貸すも親切、貸さぬも親切」という言葉です。大崎信用組合に入職した若い小原は、夜間は、産業組合中央会の勉強会に通い、簿記や法律など、金融の基本実務の習得に励みました。その産業組合中央会の弁論大会で、小原は「銀行は利息を得るためにお金を貸すが、我々組合は、先様のところへ行ってお役に立つようにと言ってお金を貸す。たとえ担保が十分であり、高い利息が得られたとしても、投機のための資金など先様にとって不健全なお金は貸さない。貸したお金が先様のお役に立ち、感謝されて返ってくるような、生きたお金を貸さなければならない」と述べ、これを「貸すも親切、貸さぬも親切」と要約したのです。

また、日ごろから「お金を貸す」という言葉ではなく、「ご心配して差し上げる」という言葉を使い「銀行はお金を貸すことに目がいくが、信用金庫は、相互扶助を目的とした協同組織金融機関であり、まず先様の立場に立って、事業や生活のご心配をし、知恵を貸し、汗を流して、その発展繁栄に尽力することが大切である。その上で、資金が必要ならばご融資し、お客さまのためにならない資金ならお貸ししないことが親切である」と指導したのです。

イギリスのサウンドバンキングに学ぶ

実は、この「貸すも親切、貸さぬも親切」は、幕末にイギリスの銀行から伝わった正統的な金融思想だったのです。幕末に、イギリスの商業銀行の横浜支店支配人として来日し、後に大蔵省のお雇い外国人として、日本人に銀行業務を教え、「日本の銀行制度の父」と呼ばれたスコットランドの銀行家アレクサンダー・アラン・シャンドが、日本に伝えたのです。シャンドは、英語を学ぶために彼の使用人として支店に勤めていた若き高橋是清(後の大蔵大臣・総理大臣)や、銀行業務について師事していた渋沢栄一などに、この考え方を教えました。これは、イギリスの正統銀行哲学(サウンドバンキング)を忠実に受け継ぐものなのです。

シャンドは高橋是清や渋沢栄一らに、次のようなことを述べました。有力取引先の息子が遊興費を借りに来ても、本人のためにならないお金を貸すことは銀行員として行ってはならない。忠告をして親切に断ることが大切である。これはロンドンおよびウェストミンスター銀行の支配人を務め、銀行学者として学士院会員にも選ばれたジェームズ・ウィリアム・ギルバートの所説である、と。ちなみにシャンドは、日露戦争当時にイギリスに戦費調達に来ていた高橋是清を助け、多数の銀行に紹介して、国債の引き受けを成功させ、日本の窮地を救った恩人でもあります。

かつて日本のバブル期において、大手銀行は、株式や土地、ゴルフ会員権、変額保険などの投機を取引先に勧め、そのための資金を積極的に融資しました。その後、バブルが崩壊し、デフレ経済に突入すると、取引先は多額の損失を被り、不健全な融資を勧めた銀行に厳しい社会的批判が寄せられました。一方、城南信用金庫は「貸すも親切、貸さぬも親切」に徹し、取引先のためにならない投機的な融資を断ったため、取引先に損害を与えず、同時に、健全経営を堅持することができたのです。一見合理性のある収益拡大のための投機であっても、その合理性を懐疑し、長い歴史的見地から判断して、社会の良識に反することは長くは続かないと考えることが大切です。こうしたイギリス流の経験主義が「貸すも親切、貸さぬも親切」の根本なのです。

小原は、日頃、支店長会などでも「融資を断る時は、相手の気持ちをよく考えて、できるだけ親切丁寧にして、本当にすまないという態度、姿勢を示すなど、相手に十分に配慮しなさい」と教えていました。融資を断る時には、例えば上着を相手に着せ掛けてあげるとか、具体的に細かい仕草まで教え、断った相手が失意に陥らないよう、かえって感謝されるように、十分に配慮することが大切だということも強調していました。

産業金融と国民経済

このほかにも、小原は、「低利の良質な資金を安定的に供給し、企業の健全な育成発展に貢献することが金融機関の使命である」と述べ、これを「産業金融」と称していました。今日、金融自由化や証券化により、金融機関による投資信託やデリバティブの販売が拡大し、市場で金融商品を売買して利益を得る「市場金融」が拡大しています。市場金融の拡大が製造業などの国民経済の安定的な発展につながらず、アジア通貨危機（一九九七年）やリーマン・ショックなどを引き起こしています。こうした状況にあって、小原の警告が、いま改めて思い起こされます。

さらに、小原は、大企業の海外進出、産業の空洞化の進展を憂慮し「このままでは、やがて日本の国民は働き場所を失い、失業者が急増し、国家が衰退する」と警告を発していました。当時は「自由貿易を拡大すれば、各国経済は成長発展する」という自由貿易論が支配的であり、「国民経済」という概念は保護貿易につながり、時代に逆行する旧態依然の考えであると軽視されていました。しかし、その後、一九八五年のプラザ合意や、日米貿易摩擦の過熱、そして二〇〇〇年代に入り、小泉純一郎政権による構造改革などを経て、経済のグローバル化が進展し、小原の懸念は現実のものとなり、日本経済はデフレと失業に苦しめられる状況となっています。

第3章　お金の弊害にどう対抗するか

お金はなぜ暴走するのか

小原は、お金についても独自の考え方をもっていました。それは、「お金は「麻薬」である」というものです。お金は時に人の心を狂わせる「麻薬」となる。だから、そのお金の暴走を抑えて、適切にコントロールし、皆が幸せに暮らせる国家・社会をつくらなければならない、というのが小原の主張です。しかし、現代では、お金は命の次に大切なものというのが常識かもしれません。信用金庫や、そのルーツである協同組合の意義をより理解するために、お金のもたらす弊害について考えてみたいと思います。

お金というと、一般には、紙幣や硬貨を思い浮かべますが、歴史的に見ると、様々なものがお金として使われてきました。原始社会では、大きな石でできた貨幣や貝殻などが貨幣として使われ、古代社会では、小麦や米などの穀物が貨幣でした。その後、金や銀、銅などの金属でできた貨幣が登場し、それが紙幣にかわりました。やがて、小切手が登場し、現代社会では、クレジットカード、電子マネー、マイレージやポイントなども貨幣の仲間入りをしています。では、これら貨幣と呼ばれるものに共通する点は何でしょうか。

貨幣のもつ不思議さを著してベストセラーになったのが、東京大学名誉教授の岩井克人氏の著作『貨幣論』(筑摩書房、一九九三年)です。この本の中で、岩井氏は「貨幣であるものを貨幣と呼ぶ」という説明をしています。一見すると、とてもわかりにくい説明ですが、実は、経済学の教科書でも、このように貨幣を定義しています。これを「貨幣機能説」と言います。つまり、貨幣とは物質のようなものではなく、貨幣として機能するものを貨幣と呼ぶという、機能(役割)によって定義されるというわけです。

それでは、お金の機能とは何でしょうか。それは、交換機能、価値保蔵機能、価値尺度機能の三つを指します。交換機能というのは、何かの品物と交換してもらえるという機能です。価値保蔵機能というのは、何かの品物をお金に換えることにより、その価値を保存し、将来、その価値を使う機能です。価値尺度機能というのは、ある品物をお金に交換する比率がわかると、お金がそれらの価値の大きさを計る尺度となるという機能です。

私は、大学でこの貨幣機能説について学んだ時には、よく理解できませんでした。しかし、信用金庫で働くようになり、岩井氏の本を読んで、久しぶりに貨幣について考えてみると、気づかされることがあります。それは、貨幣の機能というものが、すべて「個人」という意識に根ざした概念であるということです。

例えば、原始社会では、村の人々が狩りをして獲物をとってきたら、みな平等に分け与えるのが掟《おきて》です。相手が反対給付として何かくれなかったら、あるいは獲物を分けないということをしたら、仲間のことを考えない卑しいやつだと糾弾されます。それが、いったんお金というものが生まれ、それを意識して行動するようになると、村人たちは、タダでは物をやらない、何かを代わりによこせ、という意識が頭に浮かぶようになります。これが交換という行為です。

また原始社会では、魚や肉などの獲物は、長期間保存できませんので、皆に気前よく平等に分けます。ところが、いったん貨幣が生まれ、貨幣を意識するようになると、自分のとってきた魚や肉を貨幣に換えて、富をすべて独占できるようになります。これが価値保蔵機能です。

さらに、貨幣が生まれ、それを意識すると、原始社会のように、自分たちの周囲にある自然や生物などに対して、魂や命を宿したもの、かけがえのないもの、人間と共生しているもの、という意識をもつことはなくなります。すべてのものが交換可能なものと考えるようになり、自分が利用し、いつでも貨幣で入手できる単なる客体、モノととらえるようになります。したがって、その価値は抽象化された「数字」で決まることになります。これが価値尺度機能です。

こうした考えの根本にあるのは、自分が主体、中心であり、他は客体として利用するもの、という意識です。人間関係に当てはめれば、自分と他人とは、利害関係が別のものという意識です。だから、お金ばかりを意識すると、人間は孤独になったように感じます。また卑しくなったとも感じます。道徳的な行為でも、英雄的な行為でも、対価やお礼としてお金が付きまとうと、急に、その行為が卑しいような気がしたり、偽善的であるように思えたりするのはそのためでしょう。

貨幣の発達と共同体の崩壊

岩井氏によると、原始社会では、まず贈与という行為が行われていました。交換という行為は、他の村など、外部の共同体との物のやり取りに使われていました。それが、共同体内部で交換が行われようになり、そのために貨幣が使われるのは、歴史的にだいぶ後になってからだそうです。

こうした経緯を見ても、貨幣というものが、共同体の中に、個人意識を助長する存在であり、共同体の秩序や良識を破壊しかねないと警戒されるものだったことがわかります。

二〇一二年一～二月、NHKで『ヒューマン　なぜ人間になれたのか』(全四回)というドキュメンタリー番組が放映されました。その番組の中で興味深いシーンがありました。アフリカの未開社会では、貨幣が使われる以前は、平等で平和な社会だった。しかし、貨幣が導入されると、人々は、自分や自分の家族のことを優先するため、村落内の意識が対立し、村はバラバラになり、村の良識や秩序も破壊されるといったものです。

また、この番組では、お金の起源についても考察していました。ケンブリッジ大学の教授がメソポタミア文明の遺跡で発掘作業をしていると、土中から多数のどんぶり状の土器が出土している。その土器について教授は「これは貨幣です。この土器に小麦を一杯に入れたものが、通貨単位になっていたのです」と説明していました。一杯の小麦が通貨になって鶏や油など様々な物品と交換された。この結果、ウルクの都市では分業が発達し、史上初の職業が生まれ、それが技術革新を生み、生産性が上昇して人口が急増していきました。

しかし、こうした文明の発展には負の側面もあったのです。ウルクの遺跡からは、折り重なって倒れた大量の遺体が出土しました。貨幣が貧富の格差を拡大し、人々の対立と戦いを生み、多数の命が奪われるようになったのです。メソポタミア文明の発達とともに、こうしたお金の弊害は拡大し、それを是正するための様々な社会制度も工夫されたようです。さらに、ギリシアのアテネでは、銀の硬貨が貨幣として使われました。銀という希少金属による貨幣は流通性も保存性もよいために、貨幣経済が発達し、文明がますます発展しました。それとともに、お金の弊害もますます拡大していくことになったのです。

人類の歴史は、お金との戦いの歴史

実存主義哲学者であるヤスパースは「枢軸時代」という考え方を提唱しました。これは、紀元前五〇〇年前後に、ソクラテス、釈迦、孔子など、人類史上の偉大な哲学者・思想家などが相次いで登場し、人間性に対して深い洞察をして、高い精神文化を形成したととらえる学説です。確かに、この時期に前後して、ゾロアスターやキリストも登場しており、素晴らしい精神文化の華が開いたといえるでしょう。

ではなぜ、この時期に、人間の生き方に関する多くの思想や哲学、宗教が登場したのでしょうか。この時期には、世界中で貨幣が使用され、多くの都市文明が発達して爛熟期を迎えていたことがその背景にあります。こうした時代を、ヤスパースは「枢軸時代」として肯定的に捉えているのですが、逆の見方をすれば、貨幣が発達した結果、お金の弊害が生まれ、それを解決するための新たな教えが人々に求められていたと見ることもできます。すなわち、お金が発達したことにより、貧富の格差が拡大して、共同体が破壊され、人々はバラバラとなり、孤独や対立、道徳やモラルの崩壊など、様々な問題が頂点に達していたのです。

ソクラテスは、真善美を哲学の主要な問題としてとりあげ、欲望の自由に酔いしれ、自分の知恵を鼻にかける、思いあがったアテネの市民や知識人を批判しました。釈迦は、人々の悩みの根源に自意識という幻想があるとして、そこから解脱《げだつ》することで悟りをえることを説きました。孔子は、仁と礼を重んずることで、利を求めて対立抗争に明け暮れる世の中を治める徳治主義を説きました。

こうしてみると、いずれも、貨幣のもたらす弊害をどのように解決するかという教えに通じています。哲学や宗教、そして社会制度や法律、芸術も含めた人類の文明の歴史は、いかにしてお金による弊害を是正するかという歴史でもあったのではないでしょうか。こうした古代の宗教や哲学だけでなく、近代の文学作品でも、シェークスピアの『ベニスの商人』、チャールズ・ディケンズの『クリスマス・キャロル』、ドストエフスキーの『罪と罰』、イプセンの『人形の家』、ミヒャエル・エンデの『モモ』など、お金の弊害、広く言えば人間の持つ自己中心主義を問題にした作品は枚挙に暇《いとま》がありません。その意味で、いわば、人類の文明の歴史は、お金との戦いの歴史であると言ってもよいのではないでしょうか。

お金がもたらす人間関係の貧しさ

ここで、お金の弊害について、もう少し考えてみたいと思います。お金をたくさん持ちすぎたり、逆に少なすぎたりすると、人間はお金というものを強く意識するようになります。お金のことばかり考えている人間はどんどん孤独になります。自分の損得ばかりを考えているので卑しくなります。あるいは、孤独のあまり、無駄に贅沢品を買って、自分が幸せであると言い聞かせようと、無意味な努力をするようにもなります。こうした無駄遣いのためにわざと高額の買い物、浪費をすることを経済学では「ヴェブレン効果」といいます。アメリカの経済学者であるソースタイン・ヴェブレンが指摘した不思議な経済現象ですが、それは「貨幣による孤独」が進んだ結果なのではないでしょうか。

さて、他人も自分が考えることと同じようなことを考えると思うのが人間です。これを心理学では「鏡の法則」といいます。自分が卑しくなり、相手を憎んだり、ねたましくなると、他人も卑しい人間であり、自分を憎んだり、ねたんだりするものだと思い込みます。自分に対する誇りや自信を失うことで後ろめたさ、劣等感を覚えますが、それを抑圧することで強いコンプレックスが生じます。そして、人を見下すことで、このコンプレックスからくる心の痛みをかろうじて癒やそうとします。今日の日本社会では、こうした現象が若者から中高年まで広範囲に見られるのではないでしょうか。

テレビを観ても、他人を貶《おとし》め、引きずり落とし、見下すことで、視聴者とともにこうしたコンプレックスを発散させているかのような番組があふれかえっています。しかも、芸能ニュースを扱うワイドショーなどに限らず、政治を扱う報道番組までもが、こうした感覚でつくられていたりもします。こうした社会では、他人に心を開いて、信頼関係を築きながら他人と付き合っていくことが少なくなり、絶えず相手を警戒し、利害関係でしか付き合えなくなってしまいます。

ここにも、お金の価値や経済的な側面ばかりが強調される社会の弊害が現れているように思います。人間関係が希薄化し、利害関係ばかりが優先される社会では、人はますます窮屈となり、本当の豊かさを感じることができないのではないでしょうか。

成果主義で企業は成長するのか

お金の価値ばかりが優先されると、社会の活力もなくなり、社会が閉塞状態に陥る危険性も高まります。本来、人と人との間には豊かで多様なコミュニケーションや協力関係がなくてはなりません。なぜなら、人は決して一人では生きていけないからです。だからこそ、社会をつくり、コミュニティを形成してきたのです。

ところが、人と人との間の関係がお金のやりとりばかりに還元されてしまうと、コミュニケーションは貧弱にならざるをえません。利害関係ばかりで相手を見るので、助け合ったり、協力したりする関係は生まれにくくなります。相手が何か失敗をしても、自分には関係ない、関わりたくないという気持ちになり、相手にアドバイスなどしません。そのため、相手は失敗を繰り返すことになります。こうなってしまうと、人の集団である社会のもつ力は発揮されません。社会は衰退していってしまいます。

こうした問題は企業組織を見ると、よくわかります。現在、成果主義を導入している企業が主流となっています。成果に応じて、報酬を支払うという成果主義の考え方は一見、妥当に思えるかもしれません。しかし、これは、人間関係が発揮する本来の力を無視した考え方です。

成果が上がれば報酬を上げるというアメ、逆に成果を出さなければ報酬を下げる、場合によっては解雇するというムチ。このアメとムチによって、個人をバラバラに競わせてばかりいると、お互いが協力して、助け合って組織として大きな力を発揮するということがなくなります。私はむしろ、成果主義は、いわば「奴隷の論理」ではないかと考えます。奴隷たちは、自分だけは助かろうと必死になります。主人に褒められようとして、目に見える表面的な部分ばかりに力を費やし、あるいは力を費やしているふりをして、目に見えない大切な仕事は手を抜くようになります。また、組織の中で足を引っ張り合い、組織内部において自分が得することばかりを考えるようになります。

こうした成果主義のもたらす弊害については、最近になって企業の中でも少しずつ意識されるようになってきています。例えば、トヨタ自動車では、個人の成果を評価するのではなく、後輩や部下を育てていることを人事考課において重視するよう評価項目の変更を行いました。『虚妄の成果主義』(日経BP社、二〇〇四年)などで、かねて成果主義の問題性に警鐘を鳴らしてきた東京大学の高橋伸夫教授の指摘を見ても、そもそも成果主義とは、アメリカの正統的な経営学とは違った考え方であり、理論的にも実践においても正しいとは思えません。

成果主義では、自分のことを守ることで精一杯になり、他人に喜ばれようとか、社会や世界のためになることをしようといった、外に向けた大きな理想や夢も持たなくなります。それでは、新しい商品やサービスを生みだす発想も生まれません。技術革新の多くは、人や社会をどう幸せにするか、というところから生まれるのです。こうした点でも、お金の価値ばかりにとらわれていると、企業の活力は衰退してしまいます。今日の日本企業が閉塞状況に陥っている背景にも、お金がもたらした弊害があるのではないでしょうか。

お金をどう生かすか

それでは、お金とは、やはり、人間社会に害をなすだけの「麻薬」なのでしょうか。確かに、いま見たように、お金は人の心を狂わせ、暴走させるという危険な要素があります。しかし、こうしたお金の弊害を是正し、お金を正しく使うために努力してきたのが、人間の歴史だとすれば、お金の正しい使い方があるはずです。お金を正しく使うことを「お金を生かす」と表現しますが、どのようにすれば、お金を生かすことができるのでしょうか。

そもそも、お金それ自体には「価値観」というものがありません。お金は個人という意識から生まれた幻想であり、それゆえに本質的に虚無であり、ニヒリズムの象徴です。ただし、お金には人を惹きつける力があります。だから、お金は、良識をもって使えば、人々に幸せをもたらし、使う人が悪徳に染まれば、人々を不幸に陥れます。その意味で、お金の弊害を是正し、お金を正しく使い、結果として、多くの人が幸せになることが、お金を生かすということだと思います。

したがって、お金は良識によって健全にコントロールしなければならないのです。では、その良識とはどこから生まれるのでしょうか。それは、健全なコミュニケーションの中から生まれるといえます。自意識が肥大して、孤独になり、外界とのコミュニケーションを拒否して、心を閉ざすことで、人間の良識は失われます。そこに、お金が関与してくる。孤独になった魂は、孤独を癒やすために、ますますお金を求めますが、それでも満足できません。そして、ますます悪循環に陥り、正常な判断ができなくなり、不幸になります。現代人には、こうしたメカニズムで心が病む人が少なくありません。また企業も、利益を求めるあまり、視野が狭くなって社会全体が見えなくなり、良識を失い、合理的な判断ができなくなってしまう場合が多々あります。

お金を生かすには、人間の良識を取り戻さなければならないでしょう。そのためには、他者と話し合うこと、多様なコミュニケーションを維持することが、まずは基本となるのではないでしょうか。

元東京大学教授で評論家の西部邁氏の『ソシオ・エコノミックス』（中央公論新社、一九七五年）によれば、人間は、様々なコミュニケーションメディアを用いてコミュニケーションを行う存在とされます。これを「社会的交換」といいます。愛情、承認、権力、恐怖など、様々なメッセージを込めた言葉やしぐさ、表情などを通じて、様々な象徴、シンボル情報が交換されます。シンボル情報とは、一つの言葉が象徴的な意味をもつ情報のことを指します。シンボル情報によって、一つの言葉で豊かな情報量を伝達することができます。たとえば「みにくいアヒルの子」と言っただけで、その物語全体やそこから派生した様々なイメージや事象が頭に浮かびます。数学で言うところのベクトル情報のように大量の情報が伝わります。こうしたシンボル情報としての言語を操ることができるので、人間のコミュニケーション能力は格段に高いのです。

シンボル情報を、幅広い意味での「言語」と呼ぶことがあります。その意味でいえば、お金もまた、そうした「言語」メディアの一つといえるでしょう。しかし、お金のやりとりだけでは、不完全なコミュニケーションしかできません。お金の価値ばかりが優先されていては、健全なコミュニティなど成り立ちません。その意味で、しぐさなども含めた幅広い意味での「言語」によるやりとりを重視することが大切です。その多様な「言語」による、豊かなコミュニケーションの中でこそ、健全なコミュニティを復活させることができるのです。そして、健全なコミュニティがあってこそ、健全なお金が流れるのです。

市場だけでは、お金は生かせない

お金の価値を絶対視せず、コミュニティの中に存在する多様な「言語」の一つとして、お金にその役割を果たさせる。これこそが、お金を生かすことだと考えます。ただし、その場合に、気をつけなければいけないのは、お金というメディアが持つ多義性です。

例えば、倉本聰《くらもとそう》氏の脚本によるドラマ『北の国から』の中に、次のような印象的な場面があります。主人公・黒板五郎の長男・純が中学卒業後、地元の北海道から上京することになります。上京する際に、五郎は長距離トラックの運転手に頼んで、純を乗せてもらいます。運転手がトラックの中で、突然、純に向かってお金の入った封筒を差し出します。それは五郎が運転手にお礼として渡していたお金でしたが、そのお札は土で汚れていました。運転手は「これはお前の親父の手に付いていた泥だろ。俺には受け取れん。お前の宝にしろ。貴重なピン札だ。一生とっておけ」とぶっきらぼうに言います。

この場合、こうした紙幣は単なるお金＝交換手段ではなく、それから意味が派生して、子どもに対する「愛情」のメッセージを載せたメディアに変換しています。このように、現実のメディアは、人間が生きていく文脈の中で、様々な意味を付与され、多義的なメディアに変換されていきます。お金も、この例のような愛情のメディア、ある時は神聖なものへの供物としてのメディアなど、社会的なメディアに変換されるなかで、多義的なメディアとして活用されるのです。ですから、多くの人を不幸にする使われ方もあれば、幸せにする使われ方もあります。

そうしたなかで、多くの人々を喜ばせ、幸せにして、健全な社会の形成につながるように使われることが、「お金を生かす」といえるのではないでしょうか。そして、すでに述べたように「お金を生かす」には、その前提として、健全なコミュニティの存在が必要なのです。逆にいえば、市場だけでは、お金は生かせないのです。そもそも「市場」とは、近代合理主義がつくり出した架空の空間です。「需要と供給を調節する場」「財とお金を交換する場」を概念として構築したものです。そこからは、お金の背後にある、生きている人間の営みは見えてきません。人間の営み、あるいは、人がつくるダイナミックな経済社会の実態から離れ、お金という数字だけでやりとりされている空間。それにすべてを頼ってしまっては、お金を生かすことはとてもできないのです。

第4章　効率だけでは企業は成り立たない

コミュニティを重視した経営とは

前章までで、信用金庫の意義やお金のもたらす弊害などについて見てきました。では、それらを踏まえた上で、企業とは本来どうあるべきか、そして私たち信用金庫に何が求められているのかを考えたいと思います。

ピーター・ドラッカーといえば、経営学者としてあまりにも有名です。しかし、ドラッカーはもともと経済学者ではなく、社会学者です。経営学が人間のつくった組織社会を研究対象とする以上、当然です。ところが、経営学というと、つい「金儲けのための学問」と勘違いして、経済学の仲間だと思ってしまいがちです。

ドラッカーは、日本文化にも造詣が深く、また渋沢栄一などの日本の企業家をも高く評価しています。周知のように、渋沢栄一は幕末から明治、大正、昭和にかけて、近代的な企業を多数創設して、日本の産業の発展に尽くした「日本の資本主義の父」と呼ばれた偉人です。彼は財閥のような私利私欲のためではなく、国のために力を尽くし、国民から広く信頼を得ました。著作『論語と算盤』の中で渋沢は、経済的利益について、世のため、人のために貢献し、正しい道を歩んだ結果でなければならないと述べ、道徳と経済の一致を主張しています。そうした渋沢に心酔したドラッカーも、「経営者の最重要な資質は、私心があってはならないこと」「経営とは、株主の利益だけではなく、ステークホルダー、つまり従業員、消費者、地域の住民など、企業に関係するすべての人々を幸せにすること」だと述べています。

そのドラッカーが「組織とコミュニティ」について、興味深いことを述べています。それは、「企業とは組織だけでは成り立たない」ということです。組織とは「目的、手段、効率、成果」といった概念が備わった存在です。そうした近代的で合理的な組織の典型としては、軍隊組織が挙げられます。「明示された目的を最も効率的に遂行する」のが組織の機能です。確かに、利益を最大化するために、無駄を省き、効率的に運営することが、企業に求められていることは事実です。

しかし、合理性ばかりを極度に追求することが、企業に求められているのでしょうか。これに対し、ドラッカーは「そうではない」と述べます。「企業には、コミュニティの要素がなければいけない」と主張しています。コミュニティとは「出会い、共感、感謝、感動、理想、文化、学び、成長、発展」などがある存在です。「短期的な戦い」のためだけなら、単なる組織でもよいかもしれません。しかし、「長期的な発展」をめざす企業にとっては、コミュニティという豊かな概念、機能をもった存在がなければ、企業としての存続は不可能です。

社員どうしが、信頼関係をもって、互いの仕事内容に関心を持つ。そして、相手の仕事から学び合い、社員の独創性を生かす。それによって、社員も企業も成長し、発展していく。こうした形をめざすのが、コミュニティを重視した経営といえるでしょう。

一方、コミュニティを重視せず、効率のみを追求する組織では、部下は命令された目標のために黙って仕事をやるだけです。そこには出会いも成長もありません。組織のメンバーは自分の評価ばかりが気になり、お互いに疑心暗鬼で組織はバラバラになってしまいます。社員どうし競い合い、知恵やノウハウを教え合うこともなく、協力が失われ、他人の足を引っ張り合うようになるのです。その意味で、先述した成果主義は、コミュニティを重視する経営とは対極にあります。

仕事の真の喜びと成果には、内発的な動機付けが必要です。働きたい、働いて成果を出すことが楽しいという働く人自身の動機です。組織の論理で、外からアメとムチを与えて仕事をさせるのは、短期的に利益が出たとしても、長期的に企業を成長・発展させることにはならないのです。


ビジネスライクでは、ビジネスは生まれない

明治大学「野生の科学研究所」所長の中沢新一教授は、著書『日本の大転換』(集英社新書、二〇一一年)の中で、「交換から贈与へ」というテーマについて述べています。新しいものを創造するには、これをいくらで交換するという「自分のこと」を考えているのでは無理であり、「誰かを喜ばせよう」という贈与の心が大切だというのです。

アメリカのコンピュータ会社アップルを創設したスティーブ・ジョブズも、同様のことを述べています。ジョブズは、「お金儲けを目的として企業を始めた人で成功したものを私は見たことがない」と述べ、「アップルは世界に理想を広めるためにある企業だ」、「アップルのすべてをかけて新たな製品を創ろう」と社員に呼びかけていました。アップルという企業が常に独創性を発揮し、人々をひきつける新しい製品を生み出せたのは、単に目先の利益や効率だけを重視したからではないでしょう。理念として、「自分のため」ではなく、「世界のために、人のために」ということを重視していたからだと考えます。

私自身も、最近、こうしたことについて深く考えさせられる経験をしました。城南信用金庫の淵野辺《ふちのべ》支店（神奈川県相模原市）では、取引先の製造業の社長さんたちが中心になった「淵野辺白梅会」という親睦会があります。二〇一一年三月一一日の東日本大震災、それに続く原発事故を受けて、城南信用金庫では四月一日に脱原発宣言を行い、原発に頼らない安心できる社会の実現のために節電を促すキャンペーンを行いました。それをご覧になった淵野辺白梅会の社長さんたちは、「自分たちも原発のない社会の実現に貢献したい。そのためには節電に役立つ商品を自分たちの力を結集して開発しよう」と申し出てくれたのです。そして、様々な技術をもった企業が力をあわせて、何度も会合を開き、とうとう完成品を販売するところまでこぎつけたのです。その過程で、お互いの技術や経営のあり方まで含めて、これまでの親睦とはまったく違った真剣な議論を行い、お互いに多くのことを学び合い、経営のレベルアップにつながったのです。

こうしたことから考えると、逆説のようですが、「ビジネスライクでは、ビジネスさえも生まれない」といえるのではないでしょうか。自分のことばかり、自分の利益ばかりを考えていたら、お互いに親身に協力したり、親切にアドバイスしたりする気持ちが失われ、よい製品やサービスは生まれません。ビジネスを起こすには、社会に役立ちたいという志が必要であり、その志を共有する仲間が生まれ、その仲間どうしの、損得を超えた献身的な相互協力があってはじめて、創造が生まれる。こうした「コミュニティ」の要素がビジネスの創造にはやはり必要なのだと思います。そして、現在の日本企業や社会には、そうした関係性が失われてしまっているため、長引くデフレ経済への突破口も生まれてこないのではないでしょうか。

理想がなければ企業は成長しない

　実は、こうしたコミュニティやコミュニケーションの大切さが、いま経営の分野で改めて注目されています。チクセント・ミハイのフロー理論も、ダニエル・ゴールマンの提唱するEQやSQ、ジェームズ・C・コリンズのビジョナリ・カンパニーなどに関心が集まっています。コミュニケーションをいかに充実させ、モチベーションをいかに高めるか、どのような理想やビジョンを掲げるか、といったことが注目され、毎週のように経営雑誌などで特集されています。いまや、それほど、企業にとって切実な問題なのです。

　なぜかというと、毎年企業に入ってくる新入社員の問題に、企業が気づきはじめたからです。確かに頭はよくて、真面目なのですが、社会性が乏しい。企業と自分との間を峻別して、他の社員と協力していこうという、同じ企業の仲間としての意識が薄い。その一方で、失敗を恐れ、言われたこと以外のことを、自分で考えて切り拓いていく迫力に欠け、ストレスにも弱い。いったん傷つくと、自分の殻に閉じこもってしまう。多くの企業から、同様の問題を聞きます。

　こうした現実的な問題に直面するなかで、企業の側も、短期的な利益ばかりを重視する自分たちの経営姿勢について、改めて考え直さざるをえなくなっています。社員をどう育てるか、社員の意欲を高め、どう仕事に能力を発揮させるか、ということを意識せざるをえなくなっているのです。『日本で一番大切にしたい会社』（坂本光司、あさ出版、二〇〇八年）という本がベストセラーになっているのも、そうした問題意識と関係しているのでしょう。社員が幸福になれてこそ、顧客に満足を与えることができ、企業も成長できる、と著者の坂本教授は指摘し、そうした経営を実践している会社の実例が同書では紹介されています。

大企業にも、利益だけを重視する姿勢を転換させ、社会的な倫理性を重視した動きも出てきています。たとえば、大手信販会社のオリエントコーポレーションでは、消費者信用に倫理的な基準を設けて、従来の割賦販売先の半数を整理して、社会の健全な発展につながる分野の消費者ローンの拡大に努めたり、野村證券においても、農業や僻地医療など社会貢献分野における証券業務に尽力するなど、倫理性を重視した活動を始めています。

金融の仕事は健全な未来をつくること

お金が交換手段であるということはこれまで述べてきましたが、それでは、そのお金を貸したり借りたりする行為である金融とはどのような仕事なのでしょうか。

繰り返しますが、お金は共同体を破壊する危険性のある、一種の「麻薬」です。交換という行為は、共同体のメンバーに個としての意識を高め、共同体を破壊する危険性があります。だから当初は、共同体の内部では、お金の使用が禁じられていました。後になって、共同体内部でお金が使われるようになってからも、お金の貸し借りで利息をとるという行為は、より一層危険とされ、長年にわたって禁止されてきました。たとえば、ヨーロッパでは、同じキリスト教徒の間では、利息をとってお金を貸すことが禁じられていました。そのため、ユダヤ教徒が金融業務を請け負うことで、こうした金融機能を果たしてきたのです。だから現在でも、ユダヤ系の金融資本は少なくないのです。

なぜお金の貸し借りが、それほど危険なのでしょうか。それは、金融というものが、「現在と未来の交換」であるからです。将来というものが不確実であって、約束が無事に履行されるかどうかが不確実だからです。仮に、借金が返せないような不幸な事態になれば、貸し手には大きな損害が発生し、貸し手と借り手の信頼関係は断絶します。仮に返せても、事業が思うように運ばず、借り手が、ようやくお金を工面して無理して返済したら、やはり不幸だといわざるをえません。まして、そんな不幸な時でも、利息だけはしっかりと払ってもらうという契約であれば、共同体内部から不満が起きるでしょう。同じ共同体の仲間なのに、相手が苦しい時に、そこまで利益を得ようとするのは酷すぎる、利息は所詮は不労所得だろう、などなどです。

このように、資金使途の健全性も考えずに、やみくもに貸し出しを行うと、社会は大混乱に陥ってしまいます。ですから、貸し手は、使途の健全性を十分に考えて、無理のない、健全な融資を行うことが大切なのです。最近のアメリカ流の金融自由化の考え方では、利益さえ上がれば、健全であるか否かを問わず、市場で自由に取引をすればよいとされ、「価値や良識を問わない」とされます。しかし、すでに述べたように、幕末にイギリスから伝えられたサウンドバンキングは、良識を重視してお金を健全にコントロールし、健全な社会をつくるという考え方だったのです。

日本でも、一九九〇年代の金融自由化が行われる以前は、こうしたイギリス流のサウンドバンキングの考え方が、銀行業界でもかろうじて残っていました。それがアメリカの国家戦略として、金融自由化が行われると、利益の拡大競争に追われるようになり、貯蓄から投資へというスローガンの下に、投資信託の販売や消費者金融業務の拡大が始まりました。

かつて銀行は、健全な未来をつくることができるかどうか、といった良識的な判断を捨て、また「お金の暴走を抑える」という金融の仕事がもつ本来の使命を忘れ、利益を求めてバブルに踊りました。歴史を見れば、どちらの考え方が正しかったのか、いまや明らかです。

さらに長期的なスパンで歴史を振り返ると、これまで、自由に野放しにされた金融は、何度もバブルを引き起こしてきました。先に紹介した中野氏の『恐慌の黙示録』によれば、経済学の歴史を見ても、ケインズ、ヒルファーディング、ミンスキーなどの経済学者は、金融バブルの危険性を警告していました。そして、市場金融ではなく産業金融、直接金融ではなく間接金融こそ、金融の王道であると、主張してきたのです。つまり、貸し手と借り手が直接、お金の貸借をするのではなく、間に金融機関が入ることが大切だという考え方です。間に入る金融機関が、良識的な判断をもって、お金の暴走を抑えることができるからです。しかし、金融機関からその良識的な判断が失われてしまえば、お金の暴走を抑えることはできなくなってしまいます。だからこそ、いま私たち信用金庫に、厳しい良識的な判断が求められているといえるでしょう。

そして良識的な判断を下せるためにも、私たち信用金庫は、他の企業よりも厳しくコミュニティを重視した経営とは何かを考えなければならないと思います。

第5章　原発に頼らない社会に向けて

東日本大震災の衝撃

二〇一一年三月一一日の東日本大震災は、永遠に忘れてはならない重大な出来事です。地震・津波により二万人近い多数の犠牲者を出し、しかも、震災に続いて起きた原発事故により、それまでの原発の「安全神話」がまったくの虚構であることが判明しました。高濃度の放射能汚染により、福島県内には長期的に帰還ができない地域ができ、また全国的にも空気や土壌、そして食品などを汚染してしまったのです。

東京都と神奈川県の一部を営業地域とする私たち城南信用金庫では、大震災と原発事故を受け、いま企業として何をなすべきか、何ができるかを改めて考えざるをえませんでした。信用金庫は、地域を守って、地域の人々を幸せにする社会貢献企業です。今回は、私たちの管轄する地域を越えた東北の人たちが大災害に遭った。私たちは、一九九五年の阪神・淡路大震災の際にも、神戸などに一億円の寄付を行いました。しかし、今回の東日本大震災は、そうした過去の規模をはるかに超えています。そこで思い切って経費を削減し、これまでの三倍の三億円の寄付を拠出し、一億四〇〇〇万円を超える募金活動を行いました。さらに、バスを調達して現地に支援物資を運び、従業員の親族の安否確認を行いました。また現地のお寺の協力を得て、泊まり込みでボランティアを志願した職員を送り出し、被災者への炊き出しなども続けました。

こうした取り組みは、私たちにとっては初めての経験です。無我夢中で取り組みましたが、被害規模の大きさを前に、微々たることしかできないという歯がゆい思いで一杯でした。

故郷を失わせた原発事故

そうした時、津波で大きな被害に遭った信用金庫から、四月に入社するはずの新入社員の採用内定を取り消さざるをえないという話を聞きました。そして、私たち城南信用金庫で引き取りをしてほしいと頼まれました。そこで、私たちは現地で面接をして全員採用することにしました。

その後、今度は福島県の信用金庫から、同じように採用内定取り消し者を引き取ってもらいたいという要請がありました。話を聞くと、福島第一原発の事故により、営業地区の半分が立ち入り禁止区域になり、店舗の半数が、閉鎖を余儀なくされたというのです。その話を聞いて、私は大きな衝撃を受けました。信用金庫は地域を守って、地域を幸せにするのが使命です。信用金庫で仕事をする私たちはもちろん、何よりも先祖代々その地域で暮らしてきた人たちにとって、思い出の詰まったかけがえのない大切な故郷です。その故郷が一瞬の事故によって失われてしまったとしたら、どのような気持ちだろうか。

これまで、原発を推進してきた政治家や経済産業省などの官僚、そして電力会社や原子力を専門とする学者たちは、原発は多重に防護されており、何があっても大丈夫だと繰り返してきました。私たちも、こうした専門家たちの言葉を信じ、あるいは無意識のうちに原発の危険性に目を向けなくなっていました。ところが、実際の事故が起きて、その「安全神話」が嘘であったことを知らされたのです。

政治家や官僚、電力会社や学者などの責任が重大であることは当然ですが、原発の危険性を黙認してきた私たち国民一人ひとりも責任を免れることはできません。その意味で、福島県をはじめとする多くの人たちが甚大な被害を受けたことに対して、私も深く反省を覚えました。もちろん反省しても取り返しはつきません。しかし、この先のことを考えた時に、もう二度と同じことを繰り返してはならないという気持ちが強く沸き起こりました。これは国民としても、企業としても、ごく自然な気持ちだと思いました。

「想定外」の大合唱に抗して

しかし、「安全神話」が崩壊したにもかかわらず、政治家や官僚、電力会社、学者、さらにはマスコミにいたるまで、驚くべきことに、「原発事故は想定外だった」「この程度のことで、原発政策をやめるわけにはいかない」という大合唱が起きたのです。私は、こうした現象を見てぞっとしました。どうして、このような無責任とデタラメが流布するような異常な事態になるのか。調べてみると、政治家も学者もマスコミも、「原子力ムラ」という巨大な利権組織に組み込まれ、電力会社がもたらす巨額のお金によって情報が操られていることがわかりました。これでは、福島などで被害を受けた人たちは、とても許せないだろうと怒りを覚えました。

と同時に、私たち信用金庫は、どのように行動すべきかを真剣に考えました。これまで述べてきたように、信用金庫は、協同組織の金融機関であり、お金の弊害を是正するために生まれた企

原発に頼らない安心できる社会へ

城 南 信 用 金 庫

東京電力福島第一原子力発電所の事故は，我が国の未来に重大な影響を与えています．今回の事故を通じて，原子力エネルギーは，私達に明るい未来を与えてくれるものではなく，一歩間違えば取り返しのつかない危険性を持っていること，さらに，残念ながらそれを管理する政府機関も企業体も，万全の体制をとっていなかったことが明確になりつつあります．

こうした中で，私達は，原子力エネルギーに依存することはあまりにも危険性が大き過ぎるということを学びました．私達が地域金融機関として，今できることはささやかではありますが，省電力，省エネルギー，そして代替エネルギーの開発利用に少しでも貢献することではないかと考えます．

そのため，今後，私達は以下のような省電力と省エネルギーのための様々な取り組みに努めるとともに，金融を通じて地域の皆様の省電力，省エネルギーのための設備投資を積極的に支援，推進してまいります．

① 徹底した節電運動の実施
② 冷暖房の設定温度の見直し
③ 省電力型設備の導入
④ 断熱工事の施工
⑤ 緑化工事の推進
⑥ ソーラーパネルの設置
⑦ LED 照明への切り替え
⑧ 燃料電池の導入
⑨ 家庭用蓄電池の購入
⑩ 自家発電装置の購入
⑪ その他

業です。地域を守り、地域の人たちを幸せにすることを使命とする社会貢献企業です。創立者の加納久宜は、「一に公益事業、二に公益事業、ただ公益事業に尽くせ」と述べていました。また小原鐵五郎は、正しいことを実現するために、いつも命がけで戦ってきました。小原の「利益を目的とするな、銀行に成り下がるな」という言葉が、私の頭の中を駆け巡りました。

仲間の信用金庫が地

域を半分失っている惨状なのに、関係者は謝罪もなく、責任をとらず、「原発はとめられない」という無神経な言葉を繰り返している。マスコミもそれを批判しない。それならば、私たちが地域の仲間にかわって、正しいと思う意見を述べ、原発をとめるために最大限の努力をすべきではないか。そう思うにいたったのです。

同年四月一日、城南信用金庫のホームページに「原発に頼らない安心できる社会へ」というメッセージ(前ページ参照)を掲げ、原発をとめるための節電キャンペーンを開始したのです。しかし、ホームページに掲載しただけでは、誰も注目してくれません。そこで、新聞記者やテレビ局に声をかけ、取材を受けることにしました。馴染みの新聞記者などに声をかけると、皆とても興味をもって取材をしてくれました。

ところが、日頃は主義・主張を異にしている新聞社が、足並みをそろえたように、どの新聞にも、まったく記事が掲載されないのです。テレビ局も、録画取りまでしたのにボツです。これには、さすがに背筋が寒くなりました。「原子力ムラ」の強固さを改めて思い知らされたのです。

強まるインターネットメディアの力

そうした中で、非営利のインターネット放送局OurPlanet-TV(アワー・プラネット・ティービー)の代表を務める白石草《しらいしはじめ》さんが取材に訪れました。一人でビデオカメラを担いでやってきた白石さんは、「いま、城南信用金庫の脱原発宣言がツイッターでとても話題になっているので、取材に来ました」と話しはじめました。驚いてインターネットを検索してみると、確かに「信金が脱原発」という話題で、ツイッター上にたくさんの反響が寄せられていることに気づきました。

実は、この時まで、ツイッターとはどのようなものなのか、よく知りませんでした。ところが、私たちの動きに対する反応の速さ、多くの人に知らせる影響力の大きさに驚かされたのです。白石さんの質問に答える形で、私たちの取り組みの意義について、頭に浮かんだ言葉を素直に話しました。その動画がネットにアップされるや、九万件を超えるアクセスがなされ、大きな反響を呼んだのです。私は、どちらかというと人前で話をするのが苦手で、口ごもってしまうタイプです。なのに、この時だけは、不思議に、すらすらと落ち着いて話ができました。ただひたすら真剣に、原発問題に対して何か行動を起こさなければと考えていたからだと思います。

脱原発と節電の呼びかけを行うことができたのは、信用金庫とは、ただの金融機関ではなく、協同組織であり、社会貢献企業であるという思いがあったからです。また、論語の「義をみてせざるは、勇なきなり」という言葉も、私の背中を押しました。自分の利益のことばかりを考えて逃げるのではなく、困っている人たちを助ける勇気が必要なのだと自分に言い聞かせました。

私は震災の五カ月前、二〇一〇年一一月に理事長に就任しました。その際、理事長として、信用金庫の理想を守り、社会貢献のための公益事業という経営の原点に回帰することを宣言しました。信用金庫の意義を考えれば、未曽有の原発事故で困っている人たちがいるのに、それを見過ごすわけには絶対にいかないのです。

信用金庫としての原発問題へのアプローチ

原発依存度を引き下げるために城南信用金庫は、まず節電三〇パーセントを達成しました。そして、地域の人々にも「皆で節電をすれば原発はとめられます」ということを知ってもらうために、五月二日には「節電プレミアム預金」「節電プレミアムローン」「節電応援信ちゃん福袋プレゼント」という赤字覚悟の節電金融商品を発表しました。

そんなとき、浜岡原発廃炉訴訟の弁護団長を務める河合弘之弁護士から手紙が届きました。面識はありませんでしたが、電話をしてお話を伺うと、「厳正な裁判を行うために、ぜひ原告として参加してもらいたい」ということでした。正直、金融機関のトップとしてそこまでやるべきかとも迷いました。しかし、浜岡原発は福島原発よりも関東圏に近く、直下には活断層もあり、しかも老巧化しており、危険性が高いことを知り、「困っている人がいるなら助けるべきだ。何も逃げることはない」と考えて、原告団参加を即断しました。

六月ごろになると、一部のマスコミからも取材の要請が来るようになりました。素人である私が、なぜ原発について話さなければならないのか。そうした疑問を、取材に来た新聞記者に投げかけてみると、このような答えが返ってきました。現場の記者としては脱原発の方向で記事を書きたい。しかし、自社の方針では、まだ脱原発の記事を出すことは難しい。そこで、脱原発を明確にしている〝変わった〟金融機関のトップがいるので、インタビューをするということなら、新聞でもとりあげやすい、ということらしいのです。このようにして、新聞や雑誌、テレビなどの取材、あるいは講演の依頼なども増えていきました。

取材の中で私は、原発問題は政治的なイデオロギーを問うような問題ではなく、むしろ環境問題であることを繰り返し主張しました。様々な企業がＣＳＲ（企業としての社会的責任）の一環として、砂漠の緑化などの環境問題に力を注いでいます。ならば、未曽有の環境問題を引き起こした今回の原発事故に対しても、沈黙せずに一緒に行動しましょう、と訴えました。

市民に向けて講演を行う著者（2012 年 6 月）

また、報道番組「報道ステーション」に出演した際には、金融機関という立場から原発の問題について発言しました。立命館大学の大島堅一教授などが指摘するように、原発は、燃料費は安いものの、設備費や使用済み燃料の処理費、廃炉費用など、間接コストが巨額です。しかも、今回のような事故が起きた場合、損害費用はとてつもない額にのぼり、民間の保険では対応できません。ですから、「異常に巨大な天災地変」（原子力賠償法）などが起きた場合、電力会社の責任は免責され、国民に巨額のツケが押しつけられるという仕組みで、かろうじて成り立っています。したがって、もし原発事業を純粋に民間ベースで行ったら、これに融資をする金融機関はひとつもないでしょう。それほど原発はリスクもコストも高いのです。こうしたことを主張しました。

また、講演ではこんな話もしました。原発事故を受け、原発の安全性を検証するために「ストレステスト」というものが導入されるようになりました。政府などからは、ストレステストに合格すれば安全であるかのような、権威のあるものとして説明されていますが、私たち金融界の人間にとっては、ストレステストなどといっても信用できないのです。というのは、二〇〇八年のリーマン・ショックで、アメリカの証券会社がことごとく倒産しましたが、そうした会社はみな日頃から厳格なストレステストを受け、リスク管理が万全だとみなされていたのです。ストレスをどのように考え、どの程度を想定するかによって、結果など、どうにでもなってしまう。それがストレステストの実体なのです。これも原発問題に対する金融機関からの一つの視点です。

市民団体や生協など、請われるままに各地で講演活動を重ねる中で、京都大学原子炉実験所助教の小出裕章氏や未来バンク事業組合理事長の田中優氏など、反原発の立場で活動をしている様々な人と知り合うことができ、色々なことを教えていただきました。原発の燃料であるウランは、希少な資源であり、枯渇する可能性が高く、原発には将来性もないこと、適度に節電を行うなどすれば、原発に依存しなくても十分に電気は足りていることなど、多くのことを学びました。

原発に頼らない電力会社への切り替え

国民の間で脱原発の声が高まる中、政府や電力会社はいまだに、「原発が稼働しないと電力不足に陥る」「国民の経済を守るためにも原発は必要」などとキャンペーンを繰り広げています。こうした動きに対して、私たち企業にできる有効な方策はないか。そう考えて、脱原発宣言や節電キャンペーンの次に思いついたのがＰＰＳの活用です。

ＰＰＳとは特定規模電気事業者のことです。電力事業は、東京電力などの電力会社により、基本的には地域独占されています。ところが、二〇〇〇年に小規模ながら電力自由化政策が導入されました。これにより、六〇〇〇ボルトの高圧で、五〇キロワット以上の電力使用量のある事業所などは、東電などの通常の電力会社とは別の電力会社（すなわちＰＰＳ）から電力を購入できることになったのです。ＰＰＳは許認可事業で、既存の電力会社に比べて大きなハンディを負っていることもあり、シェアはわずか数パーセントしかありません。しかし、これらのＰＰＳは、ガスや製鉄、石油など各事業会社のもっている発電設備でつくられた電力や、あるいは風力、太陽光、小水力などの自然エネルギーを購入して得た電力を、既存の電力会社の送配電網を通じて販売しています。つまり、ＰＰＳが扱っているのは原発によらない電力です。

城南信用金庫は、電力会社の契約をＰＰＳに切り替えることにしました。しかし、自分たちだけが黙って切り替えるだけでは意味がありません。そこで二〇一一年一二月二日、環境エネルギー政策研究所（ＩＳＥＰ）所長の飯田哲也氏をお招きして、「原発を使わないＰＰＳへの電力契約切り替え」の記者会見を、本店の講堂にマスコミを呼んで行いました。既存の電力会社が「原発が稼働しなければ電力が足りない」と困っているのならば、できるだけ多くの企業がＰＰＳに注目し、ＰＰＳへ切り替えることが、既存の電力会社を助けることにもなります。そうすれば、原発を稼働しなくてもすむことになります。ＰＰＳへの需要が増えれば、ＰＰＳに対して余剰電力を販売する企業も増えてくるでしょう。そのことで埋蔵電力の発掘にもつながるかもしれません。

「原発を使わないPPSへの電力契約切り替え」を発表する記者会見．前列右から3人目が飯田哲也氏，4人目が著者(2011年12月)

こうした具体的なやり方が、企業として脱原発を進める一つの方法ではないか、と大勢集まったマスコミを通じて、社会に訴えかけました。

その直後に電力会社が電気料金の値上げを発表して、社会から強い反発が上がったこともあり、ＰＰＳが俄然注目されるようになりました。ＰＰＳ各社では需要に応じきれないという状況が起きました。しかし、大手企業の中には、これまで稼働していなかった大型発電設備を稼働させて、本格的に電力ビジネスに乗り出す方針を表明したところや、新たな電力設備を増設する方針を発表したところもあり、今後、既存の電力会社からのシフトが確実に進んでいくと思います。

「脱原発をめざす首長会議」を後援

そうした中で、静岡県湖西市の三上元市長から、「「脱原発をめざす首長会議」を立ち上げるので、その設立総会のために城南信用金庫の会議室を貸してもらえないだろうか」という要請がありました。三上市長は、私の母校・慶應義塾大学の一〇年先輩であり、浜岡原発廃炉訴訟の原告団の仲間でもあります。「地域の人たちの生命を守るのが、市長の役目だと思う」という三上市長の言葉をきいて、二つ返事で承諾しました。

二〇一二年四月二八日の設立総会には、三〇人以上の首長が集まり、六九人という多数の首長から成る「脱原発をめざす首長会議」が発足しました。各党の党首や幹部などもかけつけて応援の演説をするなど、特定の政党に偏らず、日本の将来を考えた超党派による素晴らしい会議になりました。当日は土曜日でしたが、私たちも休日返上で厳重な警備を行いました。こうした意義ある会議を応援できたことは、「ただ公益事業に尽くせ」という遺訓を残した協同組合運動の先人たちの意にかなうものだと思います。

原発はバブルである

このように脱原発という社会的メッセージを発信し、またそれに向けた活動を応援していくことは、協同組合である信用金庫がやるべき、大切な公共的な役割だと考えています。株式会社である銀行にはできなくても、信用金庫だからこそできることなのだと思います。

金融機関として、原発という大きな問題に向き合っていると、「原発はバブルである」という思いが募ります。すでに述べたように、原発はコストが高く、リスクも大きく、将来性もない技術です。国家の安全保障という観点からみても、テロや攻撃による脆弱性が高いという致命的な問題があります。なのに、いまだに原発を推進しようとする強い力が働くのはなぜでしょうか。

それは、原発には巨額のお金が絡んでいるからです。電力会社や政治家、官僚、学者、そして原発立地地域に、原発関連の大企業など、そこには大きな利権の構図があります。繰り返しますが、お金は、人の心を狂わせ、暴走させ、良識的な判断を失わせる「麻薬」です。お金の魔力に取りつかれた孤独な人間は、社会や仲間のこと、先祖や子孫のことなど気にかけず、「自分さえよければ」「今さえよければ」という発想に陥ってしまうのでしょう。日本の将来に、そして子どもたちの未来に大きなツケを残すことを知りながら、目をつぶろうとしているのです。

この構造は、まさにバブルと同じです。不良債権であると知りながら、目先の利益を求めて、間違ったことをやりつづけ、将来に大きなツケをまわす。原発もバブルも、お金による弊害、将来に対する無責任さ、という点で問題は同根なのです。

信用金庫だからこそ

このように問題をみてくれれば、私たち信用金庫が脱原発に向けて力を注ぐことに疑問、疑念を感じていた人も、納得がいくのではないでしょうか。お金の弊害を防ぎ、人、地域を守るのが信用金庫の使命です。だからこそ、脱原発なのです。

イギリスの作家チェスタートンは著書『正統とは何か』の中で、「死者の民主主義」を唱え、祖先にも投票権を与えることを主張しました。現在いる人間の視点だけで物事を決めることの危険性、問題性を指摘したのです。それに倣えば、原発問題を真剣に考えるなら、豊かなふるさとを築いてくれた祖先や、あるいは逆に将来、この国に生まれてくる子どもたちのことをしっかりと心に置いて議論すべきでしょう。わずかな賠償金さえ払えば解決できるというような問題ではないことが、すぐにわかるはずです。

おわりに――信用金庫の原点に戻って

先に触れましたが、私が城南信用金庫の理事長に就任したのは、二〇一〇年一一月一〇日でした。理事長就任と同時に、新たな方針として協同組織に基づく社会貢献企業としての信用金庫の原点回帰を目指すことを表明しました。

城南信用金庫の挑戦

まず、協同組織の理念に従い、「個人主義」ではなく「仲間主義」が大切であると宣言しました。ただし「仲間うち」で内向きに固まるのではなく、「皆を仲間にする」つもりで、「日本を元気にする」という公共性、外に広がりをもった活動をしていこうと考えました。

また、信用金庫は、金融機関の一つの業態なのではなく、協同組織運動における金融部門であり、最終的に目指すものは、「地域を守って、地域の人々を幸せにする社会貢献企業」であるということを確認しました。そして、三つの経営方針を掲げました。それは、①人を大切にする経営、思いやりを大切にする経営、②健全経営、堅実経営の徹底――「間接金融専門金融機関」を貫く、③「お客様本位」にもとづいた取り組みの徹底、というものです。

この経営方針では「信頼の絆」の大切さを強調しています。現在、信用金庫業界では、「絆」「つながる力」をスローガンに掲げて、東日本の被災地支援など、全国の信用金庫が様々な社会貢献に力を注いでいます。あるいは、お客様をメンバーとする組織づくりや、取引先企業のネットワークづくりなどにも取り組んでいます。この「絆」「つながる力」こそ、お金の弊害で閉塞した現代を活性化し、社会を明るく元気にするための大切なキーワードではないかと思います。人と人との関係性を強化することが、社会を活性化し、経済も活性化することになると確信しています。

信用金庫の未来

冒頭でもお話ししましたが、二〇一二年は国際協同組合年です。協同組合に対する様々な議論も行われると思います。しかし、ここで注意しなければならないのは、協同組合はメンバーのための閉じた組織であってはならない、ということです。

経済評論家の内橋克人氏は、協同組合について、次のように述べています。共同体としての性格をもった組織ではあるが、その共同体は利益共同体ではなく、使命共同体である。つまり、同じ使命や志、理想をもって社会に貢献し、あらゆる人々を助け、幸せにすることを使命とした共同体だということです（「協同組合の新たな役割」家の光協会編『協同組合の役割と未来』家の光協会、二〇一一年）。

信用金庫も、これまでの議論では「弱者のための相互扶助」という「守りの意識」が強かったように思います。しかし、現代社会に目を向けてみると、豊かな経済力をもつ富裕層、いわゆる「勝ち組」でも、必ずしも幸せとは限りません。それは、これまで見てきたように、お金だけでは「真の豊かさ」は得られないからです。

だからいまこそ、これまで「お金の弊害」と戦って、人々の心の絆を回復し、コミュニティを復活させて、良識ある社会をつくろうとしてきた協同組合、そして私たち信用金庫の出番なのだと思います。経済的に豊かであろうと、なかろうと、困っている人たちのために尽くすこと、皆を仲間にして、日本を元気にすること。それができるのは、グローバリゼーションを主導する大企業ではなく、私たち信用金庫なのではないか。お金を扱っていても、お金の魔力に取り込まれない、目先の利益に心を奪われて、銀行に成り下がらない。そうした矜持《きょうじ》をもって、これからも、人をつなぎ、地域を豊かにするために、全力で取り組んでいきたいと思います。

私の恩師である加藤寛慶應義塾大学名誉教授は、「経済学で大事なのは苦しんでいる人々を何としても救わなければという情熱である」というイギリスの厚生経済学者ピグーの言葉を強調されていましたが、本来、お金を扱う経済学は、経世済民《けいせいさいみん》、つまりお金の弊害を是正し、多くの人々を幸せにすることが目的でした。その意味でも、経済にかかわっている政府も企業も、改めて、自由主義と個人主義が生んだ人間の妄想ともいうべきお金というものの本質や、その危険性をよく理解しなければなりません。そして、お金に振り回されるのではなく、世のため、人のため、人々の幸せのために「お金を生かす」には何が必要なのか、何をなすべきかを改めて考え直し、行動していくことが大切ではないかと考えています。

吉原 毅
1955年東京都生まれ．1977年慶應義塾大学経済学部卒業．同年城南信用金庫入職．1983年企画部配属．1992年理事・企画部長．1996年常務理事．2000年専務理事．2006年副理事長．

2010年11月理事長就任後，協同組織としての原点回帰の方針を打ち出し，理事長の年収を支店長以下の1200万円に抑え，任期を理事長・会長の通算で最長4年，定年を60歳とするなど，コーポレートガバナンスを目的とした異色の改革を断行．

2011年3月11日の東日本大震災以降，被災地支援を精力的に行う．同時に，原発に頼らない安心できる社会を目指して「脱原発」を宣言し，講演活動など積極的に発言・活動を行う．

2015年6月理事長を退任し，相談役，2017年から顧問に就任．城南総合研究所長，明治学院大学客員教授，千葉商科大学副学長(2024年4～12月)，横浜商科大学理事長，しんきん成年後見サポート理事長，麻布学園理事長，日本社会連帯機構副理事長，かながわ農福連携推進協会会長，原発ゼロ・自然エネルギー推進連盟会長も務める．

著書に『城南信用金庫の「脱原発宣言」』(クレヨンハウス)，『原発ゼロで日本経済は再生する』(角川oneテーマ21)，『幸せになる金融 信用金庫は社会貢献』(神奈川新聞社)ほか．

信用金庫の力――人をつなぐ，地域を守る　岩波ブックレット850

2012年9月5日　第1刷発行
2025年4月15日　第13刷発行

著　者　吉原《よしわら》 毅《つよし》

発行者　坂本政謙

発行所　株式会社 岩波書店
〒101-8002 東京都千代田区一ツ橋2-5-5
電話案内 03-5210-4000　営業部 03-5210-4111
https://www.iwanami.co.jp/booklet/

印刷・製本　法令印刷　装丁　副田高行　表紙イラスト　藤原ヒロコ

ISBN 978-4-00-270850-8　Printed in Japan